Art direction *Francesca Leoneschi*
Progetto grafico *Giovanna Ferraris*
Coordinamento editoriale *Elisa Sabatinelli*
Illustrazioni *Carla Gozzi*

Prima edizione: ottobre 2012
Seconda edizione: ottobre 2012
Terza edizione: ottobre 2012
Quarta edizione: dicembre 2012
ISBN 978-88-17-06098-1

CARLA GOZZI

Guardaroba Perfetto

Regole e consigli
per rinnovare il look a costo zero

Rizzoli

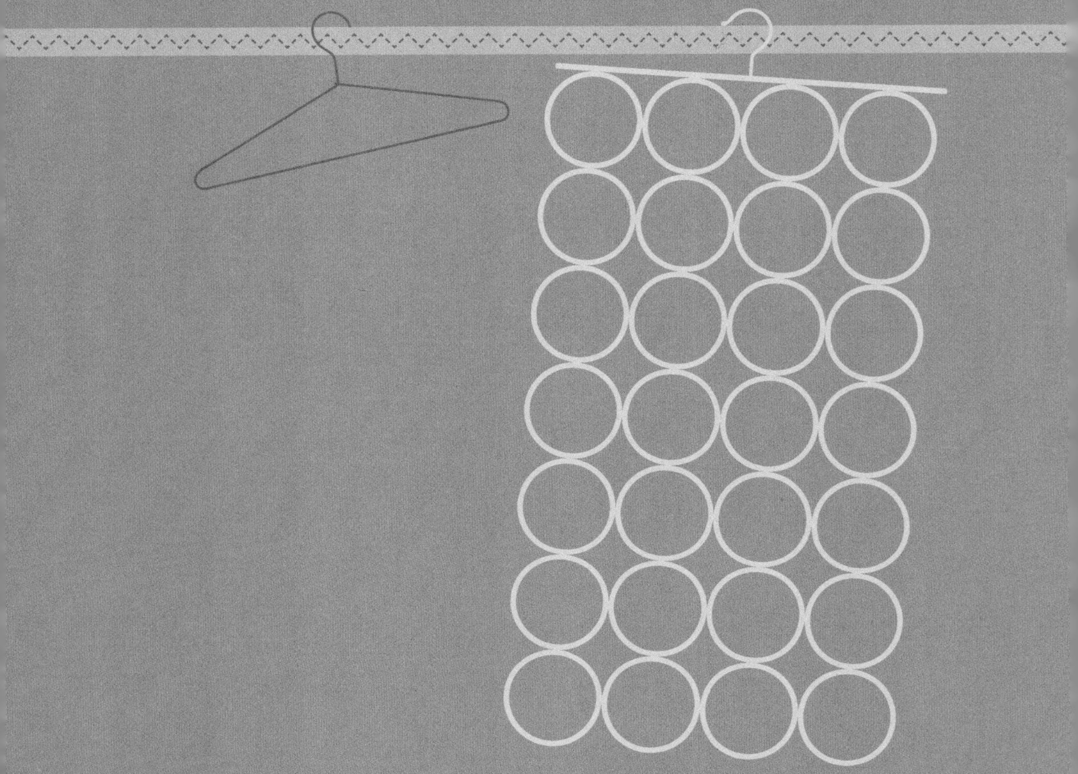

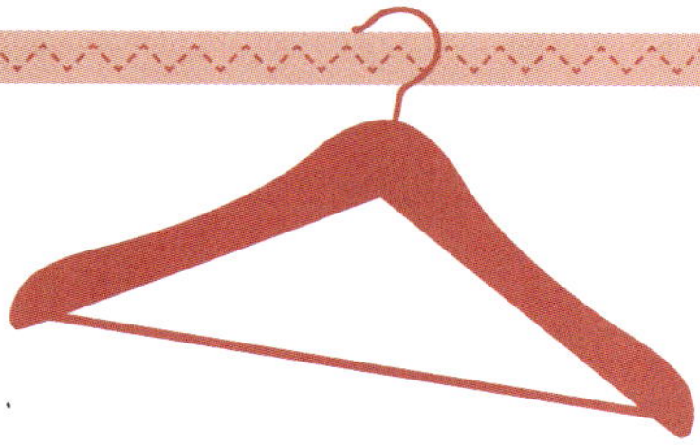

Dedico questo manuale a tutte le donne
che al mattino aprendo il guardaroba
pensano sempre la stessa cosa:
"E oggi, cosa mi metto?!".

Carla

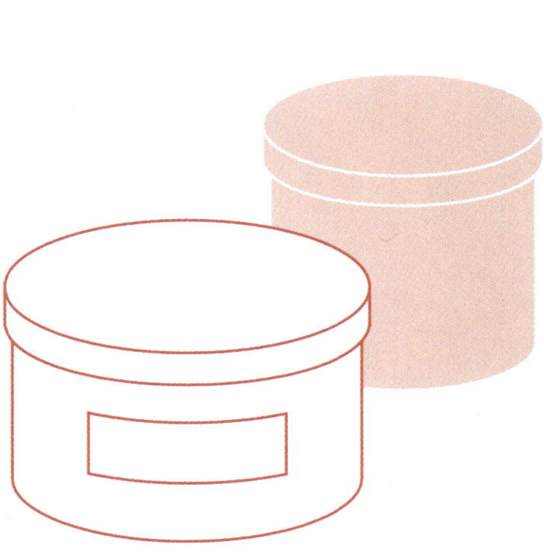

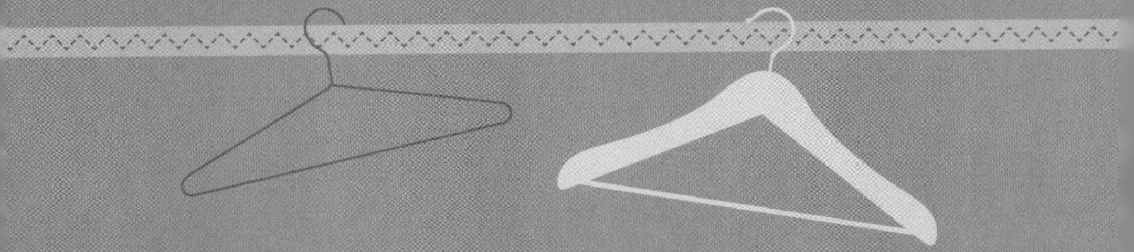

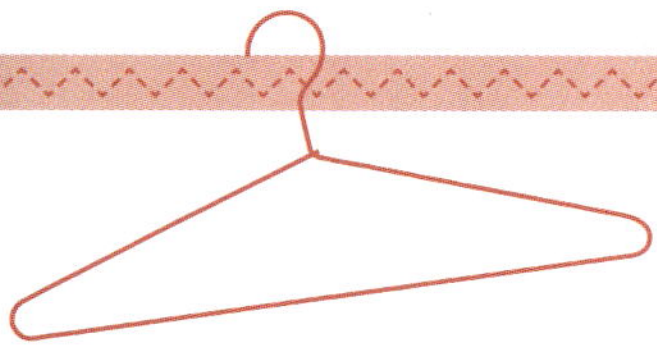

SOMMARIO

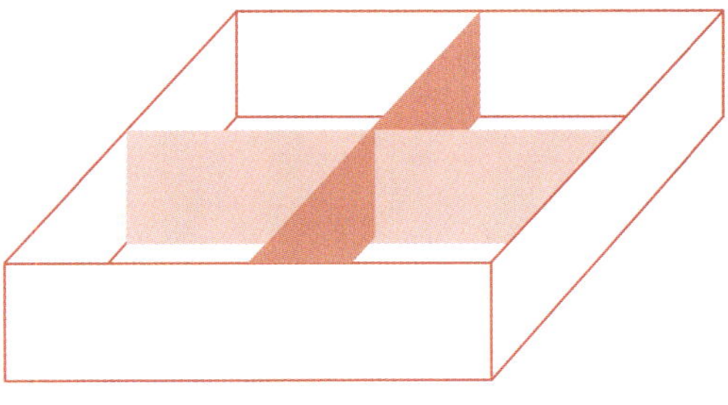

IL METODO
Carla

Negli ultimi anni mi è capitato di sbirciare in tanti armadi in giro per la penisola, traboccanti di vestiti e accessori spesso mescolati fra loro, e in tutti ho scovato segregati negli angolini più nascosti dei veri scheletri, capi dimenticati e mai indossati. Ci sono guardaroba ricchi di pantaloni ma mancanti di capi per poterli abbinare, e spesso i vestiti per il lavoro finiscono in mezzo a quelli per il tempo libero con il risultato di non trovare più nulla. Al mattino, montagne di capi vengono passati al setaccio nella speranza che qualcosa possa funzionare. Ogni volta che apro un nuovo armadio rimango sorpresa dalla confusione e dalla mancanza di una disposizione logica e coerente: così, è impossibile creare abbinamenti che funzionano e trovare gli accessori giusti, ed è ugualmente difficile rispettare i dress code, che possono cambiare anche durante l'arco di una stessa giornata. E non è un caso se la maggior parte delle domande che mi sento rivolgere riguardano proprio il dress code: quale sarà l'occasione giusta per questo tailleur? Il nero posso indossarlo al battesimo di mia nipote? Per l'evento aziendale come devo vestirmi? Ho un appuntamento con il mio nuovo lui e vorrei essere femminile ma non troppo sexy, quale sarà l'outfit giusto?

Il guardaroba perfetto è una missione. Mettervi mano per organizzarlo e sistemarlo richiede un certo impegno perché i capi e gli accessori sono tanti. Ma può anche essere un momento di gioia perché, tirando fuori e riscoprendo i capi sepolti, riaffioreranno ricordi e storie.

Quando io stessa ho cominciato a riorganizzare il mio armadio, il punto di partenza che mi sono data è stato il lavoro. Il motivo è semplice: il lavoro influenza gran parte del mio stile di vita, portandomi a fare e disfare le valigie in meno di quarantotto ore. All'inizio era il caos, dopo solo due viaggi non trovavo più nulla. Così un giorno ho deciso non solo di ordinare il mio guardaroba, ma di adottare una vera e propria strategia di organizzazione, che ho chiamato "Il metodo Carla".

Innanzitutto ho individuato tre categorie di occasioni d'uso in base alla quale ordinare i capi: lavoro, tempo libero e social. Il secondo passo è stato suddividere gli spazi del mio guardaroba in funzione di queste tre occasioni; infine, all'interno di questi spazi ho disposto i capi per colore, da quelli più chiari fino a quelli più scuri accostando eventuali abbinamenti già stabiliti. Anche le scarpe le ordino per cromia, perché ormai le stagionalità non sono determinanti. Indossiamo stivali in camoscio d'estate e sandali gioiello in pieno inverno se abbiamo un'occasione speciale.

Anche lo shopping può essere considerato uno step successivo alla riorganizzazione dell'armadio perché, sapendo ciò di cui abbiamo veramente bisogno, sapremo conseguentemente cosa acquistare.

Quando tutti i capi saranno in ordine e riconoscibili al primo colpo d'occhio, nell'aprire il guardaroba avrete l'impressione di entrare in un meraviglioso negozio e iniziare il vostro shopping. Non sarete più preda di dubbi o tentennamenti: avete una riunione importante di lavoro? Vi basterà allungare la mano e tirare fuori il vostro outfit già abbinato e predisposto. Oppure dovete cenare dalla suocera? Ecco pronta la gonna e la blusa, le scarpe e i bijoux coordinati. Per ogni occasione avrete creato un look, accostando gli accessori e in qualche caso modificando i capi per dare loro nuova vita.

L'ordine migliora la nostra vita frenetica: risparmiamo tempo e soprattutto guadagniamo in stile. Del resto, come diceva Coco Chanel: "Non è importante avere un abito nuovo, ma un abito giusto per ogni occasione".

IL METODO *Carla* IN TRE MOSSE

Step 1

LA PARTENZA

Nel guardaroba regna il disordine: dovrete individuare e separare tra loro tutti i capi e gli accessori.

Step 2

L'ORGANIZZAZIONE

All'interno del guardaroba destinate tre spazi distinti alle occasioni d'uso: lavoro, tempo libero e social. Poi munitevi degli accessori necessari che vi serviranno per ordinare i capi: grucce a triangolo per giacche e abiti, grucce a clip per gonne e pantaloni, divisori, organizzatori verticali, cappelliere, portascarpe ecc.

Step 3

LA CREAZIONE DEGLI OUTFIT

È la fase più creativa e divertente, in cui vi vengo in aiuto proponendo soluzioni facili e adatte a tutte le fisicità. Ogni capo ha le sue destinazioni d'uso, qualcuno è più versatile, qualcun altro meno, l'importante è capire cosa è necessario indossare per determinati dress code e cosa no. I look che vi propongo sono tantissimi, tanti quante sono le occasioni.

Step 1

LA PARTENZA

Vestiti, cappelli, pantaloni, giacche, soprabiti, stole, maglie, maglioncini, t-shirt, cappelli, occhiali da sole, calze, cinture, gilet, blouson, jeans... nel guardaroba regna il caos. Il primo step è quello di individuare ciascun capo, dare via quelli che non si usano più e riorganizzare il resto in base alle occasioni d'uso.

1
2
3
4
5
6
7
8
9
10
11
12
13

Step 2

L'ORGANIZZAZIONE

Ogni cosa al suo posto e un posto per ogni cosa: ecco un elenco di accessori indispensabili per appendere o sistemare i capi in maniera ordinata e logica. Per trovare tutto facilmente e non perdere tempo prezioso.

Lavoro

1. Gruccia per completi
2. Gruccia pantalone
3. Gruccia giacca
4. Contenitore cinture
5. Contenitore bijoux

6 7 Scatole scarpe

Tempo libero

8. Gruccia abito
9. Gruccia gonna
10. Cappelliera
11. Organizzatore verticale
12. Divisorio bijoux
13. Scatole scarpe

Social

14. Gruccia abito e stola
15. Gruccia gonna
16. Divisorio per stole e cinture
17. Cappelliere
18. Divisorio pochette
19. Divisorio bijoux

20 21 Scatole scarpe

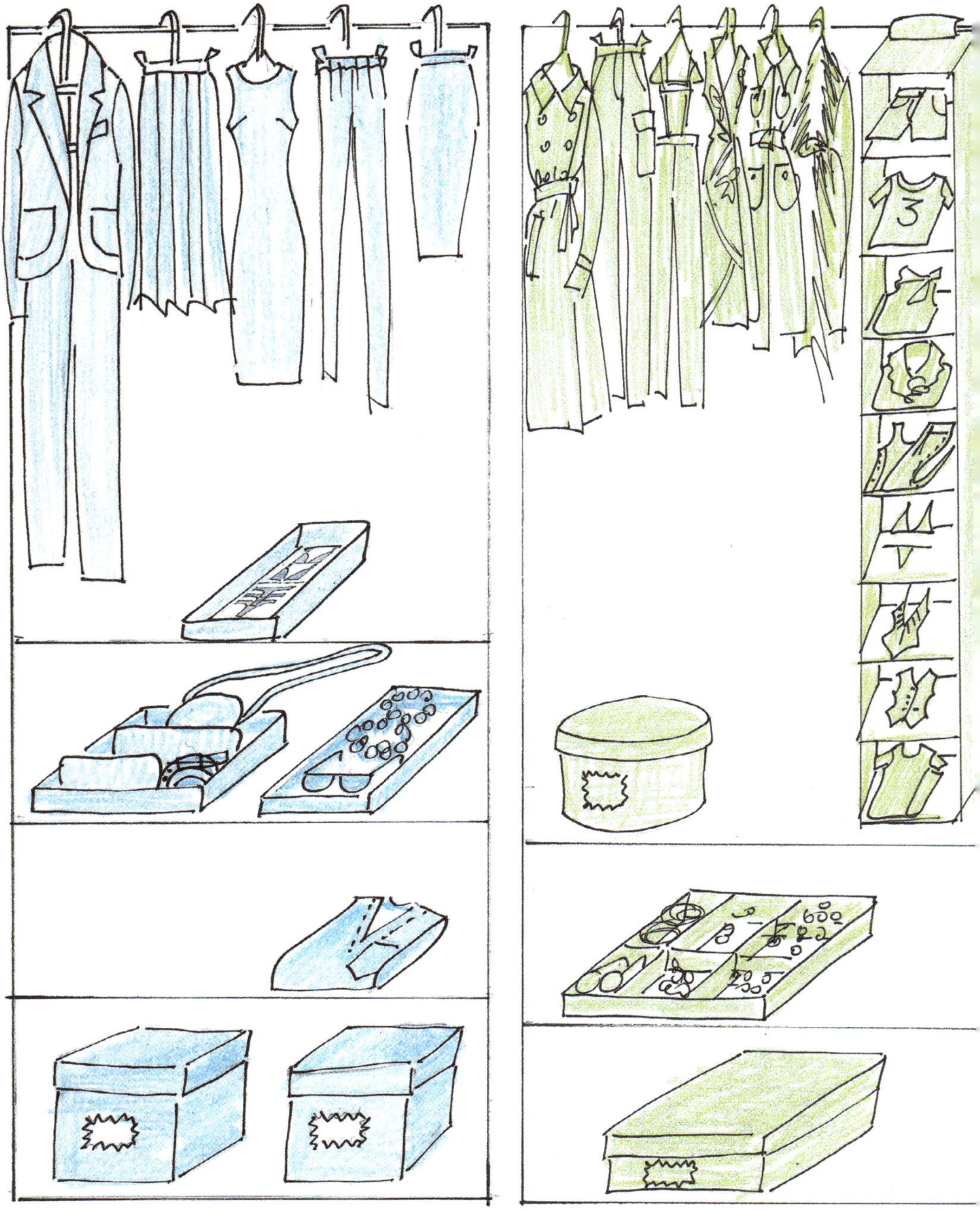

Step 3

LA CREAZIONE DEGLI OUTFIT

È il risultato finale: il guardaroba è suddiviso in tre spazi corrispondenti alle tre occasioni d'uso ben distinte.

Lavoro

pp. 20-53

Nell'anta sinistra trovano posto i capi destinati al lavoro e in generale a tutti quei momenti in cui è richiesto un look particolarmente professionale e rigoroso, come per esempio le cene aziendali o i viaggi in trasferta.

Tempo libero

pp. 54-91

Al centro vengono collocati i capi che si utilizzano durante il tempo libero, dal weekend al mare al barbecue con gli amici, dalla visita alla suocera alla cena in un locale elegante di montagna.

Social

pp. 92-135

Nell'anta di destra sono sistemati i capi che si indossano nelle occasioni sociali, per esempio feste in discoteca, cocktail, sfilate di moda, cena di gala, in cui è richiesto un dress code particolare.

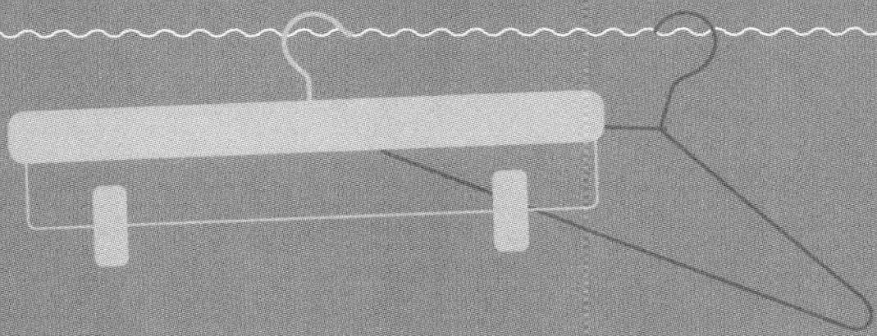

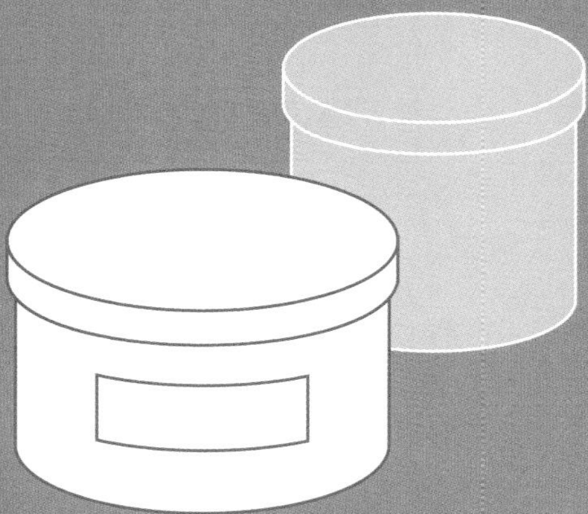

IL GUARDAROBA *Perfetto*

IL GUARDAROBA PERFETTO

Lavoro

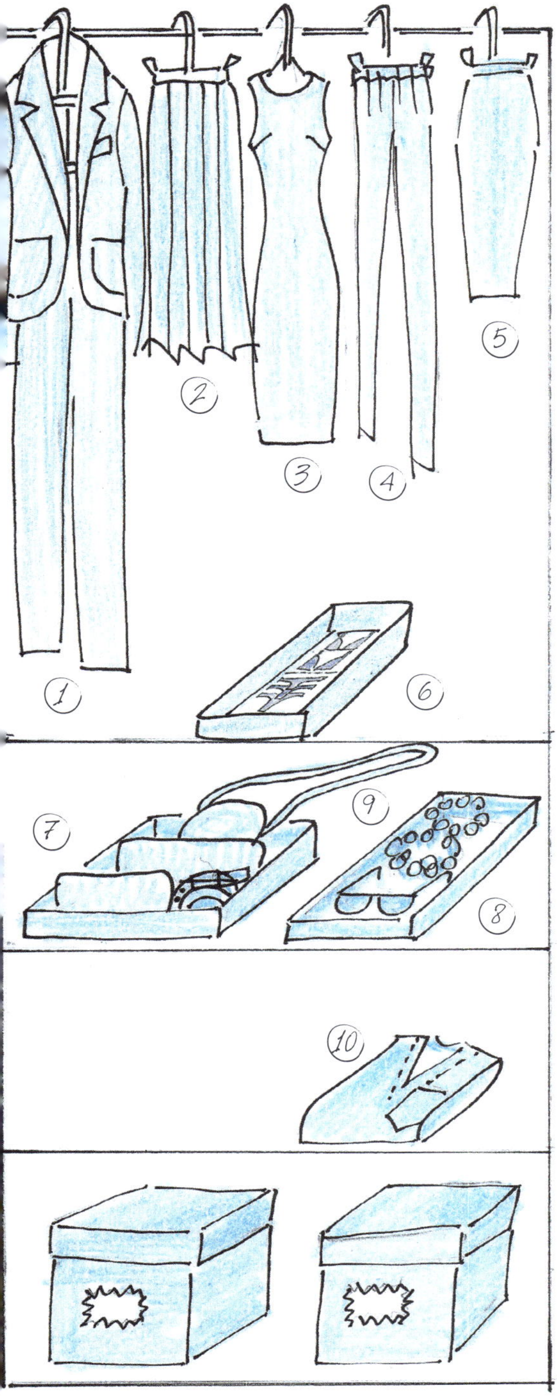

Gli indispensabili

1. Completo giacca e pantalone
2. Gonna a pieghe
3. Tubino nero
4. Leggings
5. Gonna dritta
6. Intimo in cotone
7. Clutch, tracolla, pochette
8. Occhiali da vista
9. Scatola dei bijoux
10. Divisa

NEL GUARDAROBA HO TROVATO...

IL COMPLETO GIACCA E PANTALONE

Se in ufficio la parola d'ordine è accuratezza, con il completo giacca e pantalone non sbaglierete mai. Perché gli ambienti formali richiedono rigore e affidabilità d'immagine.

Il tailleur maschile è sempre un'ottima scelta nei luoghi di lavoro formali come le banche, le assicurazioni, gli uffici notarili e di avvocatura, dove il dress code esige una divisa rigorosa e autorevole. Anche il sotto giacca ha la sua importanza: quello che meglio esprime il mondo del lavoro è senz'altro la camicia bianca. Sceglietela come prima opzione bianca ottica in cotone oppure a bastonetto, purché sui toni degli azzurri. Se volete osare optate per quella con colletto bianco.

Accessori

Nei luoghi di lavoro formali: collana di perle, orologio ultra piatto, scarpa nera tacco 10 cm e borsa nera a forma rigida.

Colori

A livello internazionale, il colore associato alla professionalità è il blu scuro: la tonalità ideale per il vostro completo giacca e pantalone, colore suggerito dalla policy delle grandi multinazionali.

In alternativa alla camicia bianca, potete darvi un tocco fashion sostituendola con una t-shirt. In questo modo il vostro outfit sarà moderno e stiloso. Per il pantalone scegliete la linea svasata.

raso in seta lana

jersey in rete bianca

t-shirt in rete bianca

completo giacca e pantalone di linea svasata

Firma il tuo stile:

Per sentirvi uniche anche in tailleur, puntate sul trucco! Leggero e luminoso.

Nel guardaroba ho trovato...

LA GONNA A PIEGHE

Con il classico andate sul sicuro: la gonna a pieghe fa subito stile college, molto british, conferendovi un tono accademico di grande competenza e professionalità. Il must per insegnanti e educatori.

Uno degli abbinamenti per la gonna a pieghe è il pullover a rombi con scollo a V indossato senza far vedere la t-shirt o la canottiera che si porta sotto. Il risultato è un look in puro stile british. Personalizzatelo con una lunga sciarpa avvolta morbidamente attorno al collo.

Accessori

Calze coprenti,
mocassini con tacco largo,
borsa a busta e basco.

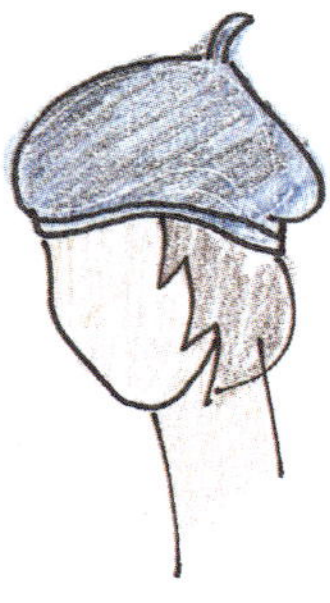
basco

borsa a busta

mocassino con tacco largo

Colori

Giocate con i colori del pullover:
per esempio verde
mela o rosa peonia
sulla gonna grigia antracite.

Se alla maglieria preferite invece la camicia, indossate la gonna a pieghe con un morbido blazer in jersey blu di taglio sciancrato, che a differenza della giacca vi farà stare comode senza rinunciare all'eleganza.

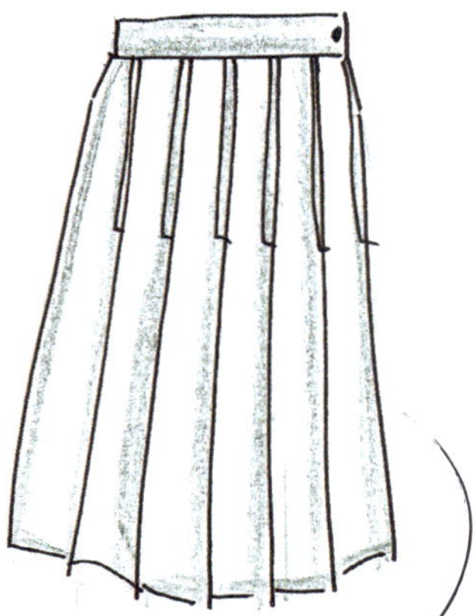

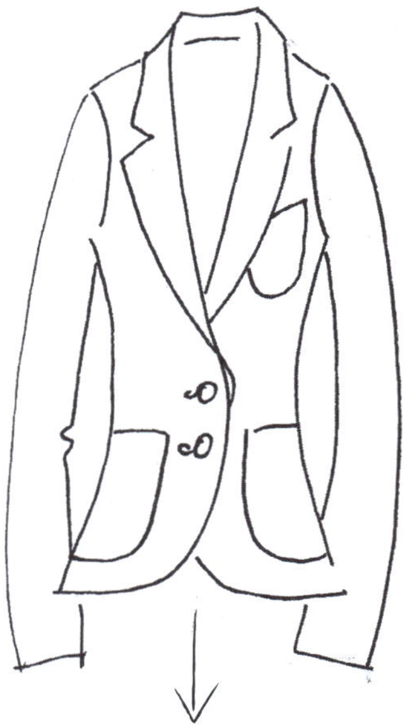

Se volete rimanere sul tema british, è ora di tirare fuori dal guardaroba il vostro kilt, la gonna in tessuto di lana e disegno scozzese. I disegni e i colori variano a seconda della famiglia di appartenenza: se volete virare sul rosso scegliete il tartan Royal Stewart, sul verde optate per il Georgia State, sul blu invece scegliete il Black Watch. L'abbinamento classico è con il cardigan in maglia di linea succinta e corta.

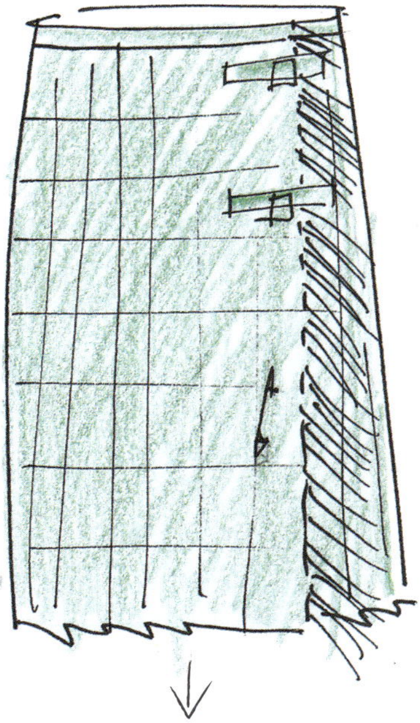

kilt scozzese

Come indossarlo

Se siete il tipo a clessidra, indossate il kilt alto sul punto vita, se invece siete snelle e androgine fate scendere leggermente la gonna a filo del punto vita.

tartan Royal Stewart

tartan Georgia State

tartan Black Watch

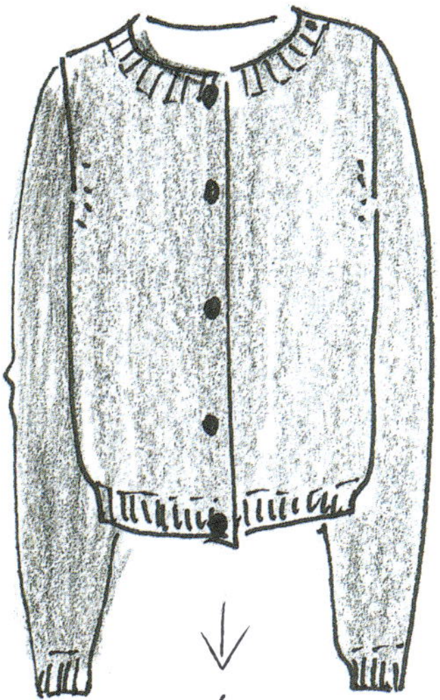

cardigan

Colori

Optate per il cardigan in maglia leggero nei colori base, come il bianco burro, il grigio perla, l'ardesia, l'antracite, il blu scuro e il nero.

Manutenzione

Il cardigan in maglia è molto delicato: niente lavaggi caldi perché le fibre rischiano di unirsi, rendendo il tessuto compatto e perdendo così la sua morbidezza. Lavatelo in acqua fredda e d'estate conservate questo capo in un luogo asciutto.

Accessori

Abbinate al kilt gioielli colorati e borsa a tracolla.

borsa a tracolla

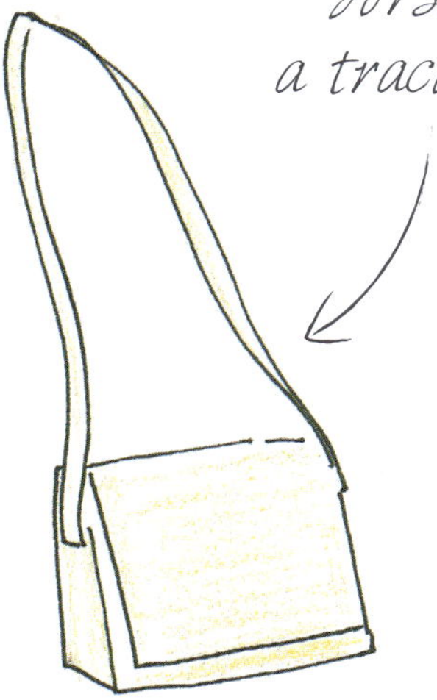

Le regole generali del guardaroba perfetto

CON COSA INDOSSO LA GONNA A PIEGHE?

SÌ: CON MAGLIA MORBIDA, MA ADERENTE.

MAI: ABBINATO A MAGLIONE OVERSIZE.

Nel guardaroba ho trovato...

LA CLUTCH, LA TRACOLLA, LA POCHETTE

Gli accessori fanno miracoli nel trasformare qualsiasi outfit: possiamo cambiare look dal giorno alla notte come fossimo supereroine. Basta avere la borsa giusta e il gioco è fatto.

Spesso capita che una tranquillissima giornata di lavoro prenda pieghe inaspettate la sera; alla mattina credevate di rimanere incatenate davanti al computer fino a tardi e invece, contro ogni aspettativa, dovete raggiungere il fidanzato o le amiche per un aperitivo, una cena o, ancora meglio, una festa. Gli accessori sono il salva-occasione perché basta abbinare la borsa adeguata e il vostro look da lavoro si trasformerà magicamente in un outfit da sera.

Se credete che la vostra giornata possa proseguire dopo il lavoro con un'occasione completamente diversa, per esempio una magnifica festa, indossate dal mattino un abito nero tipo LBD (*little black dress*), al quale abbinerete la preziosa clutch effetto metal.

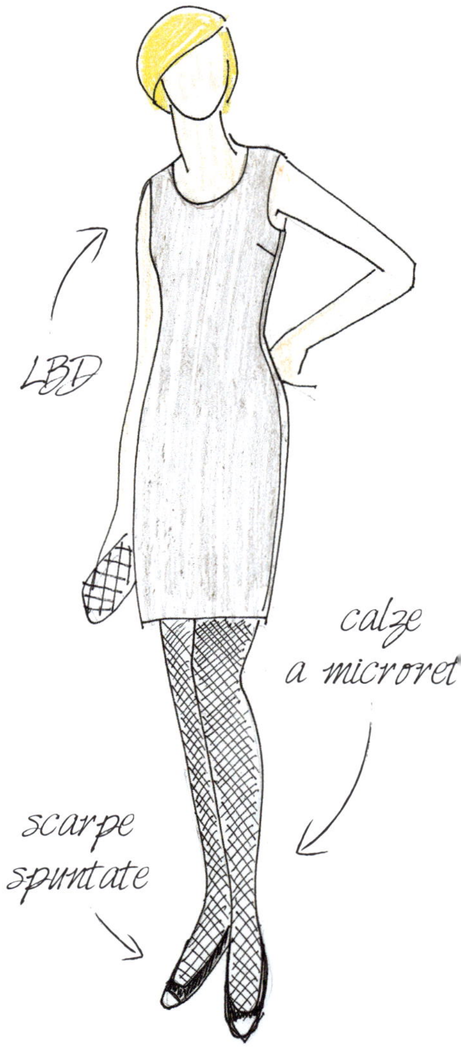

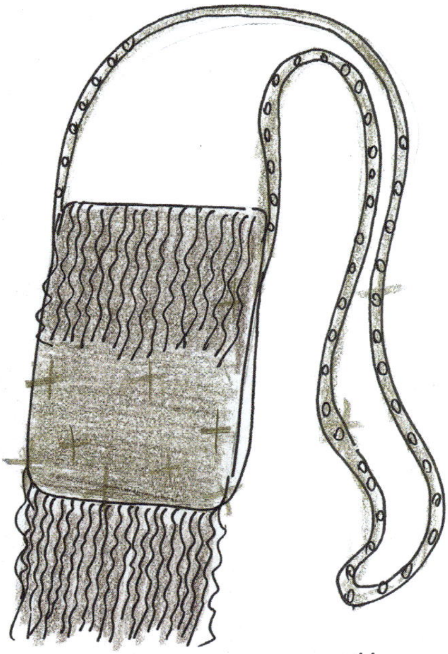

Se invece dovete raggiungere le amiche per un'occasione mondana ma più rilassata, come per esempio un aperitivo, meglio scegliere la tracolla, un accessorio più discreto della clutch, ma comunque giovanile e trendy. Se siete andate al lavoro in camicia e pantaloni, per ricordare le dive anni '40 annodate la camicia sul punto vita e sbottonatela fino al terzo bottone alzando il colletto.

Se a chiamarvi è il vostro lui, puntate senza esitazioni sulla pochette: è un'ottima alleata per una cena saltata fuori all'ultimo. Piccola e deliziosa, può completare il vostro outfit e non avrete bisogno di indossare bijoux.

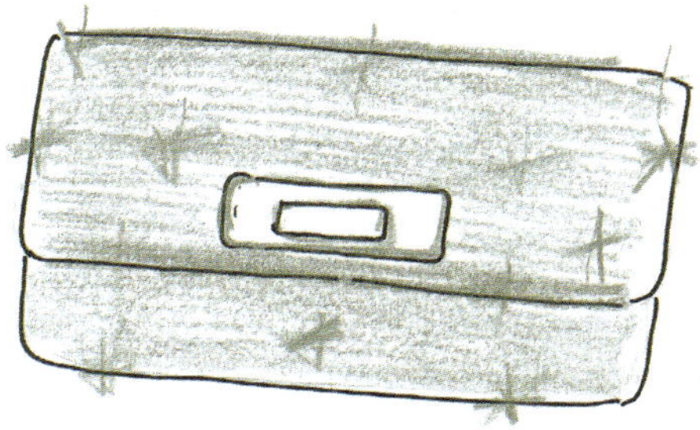

pochette

Accessori

Se decidete di mettere i collant, indossate le scarpe spuntate; se invece vi sentite più sicure e la festa è tra conoscenti, azzardate un look fresco come i calzini decorati e le décolletés.

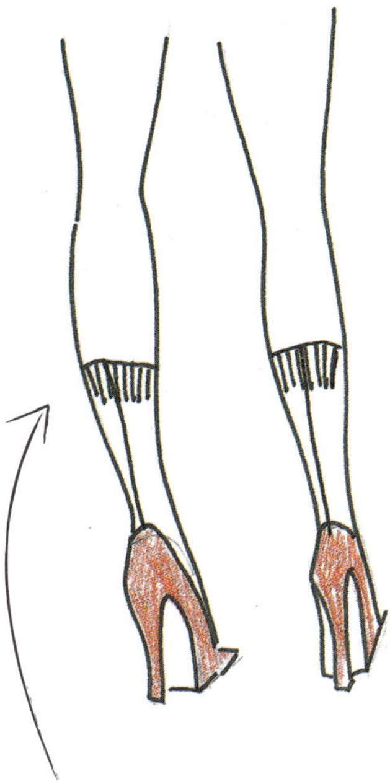

calzini decorati con décolletés

collant a rete con scarpe spuntate

Ordine

Per mantenere gli accessori in perfetto stato, riponeteli sempre in buste di cotone. Fate particolare attenzione alla vernice che si ammacca a ogni contatto.

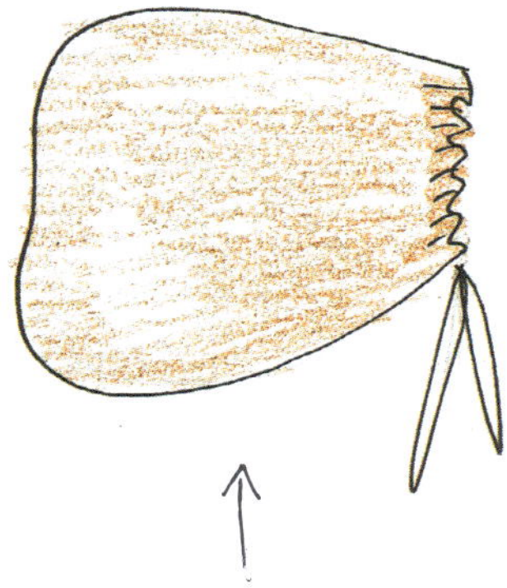

buste in cotone per scarpe e borse

Colori

I colori suggeriti per la clutch sono quelli dei metalli preziosi: l'argento, l'oro e il bronzo.

I colori suggeriti per la tracolla sono: il nero, il cuoio e il sabbia.

I colori suggeriti per la pochette sono: il nero, il cognac e il miele.

Le regole generali del guardaroba perfetto

CON COSA INDOSSO LA CLUTCH, LA TRACOLLA E LA POCHETTE?

SÌ: LA CLUTCH E LA POCHETTE ABBINATE A OUTFIT ELEGANTI.

MAI: LA TRACOLLA SPORTIVA CON LA GIACCA.

NEL GUARDAROBA HO TROVATO...

GLI OCCHIALI DA VISTA

Portare gli occhiali da vista al lavoro non è più da nerd. La nuova frontiera sono addirittura quelli finti dalle montature più svariate. Da cambiare ogni volta che si vuole, come un accessorio.

Al lavoro capita spesso di dover indossare gli occhiali da lettura, soprattutto in quelle professioni dove si sta molto tempo davanti al computer. Niente paura, trovare il modello che vi dona non è poi così difficile, grazie all'infinita varietà di montature. E se lo indossate solo per leggere, potete anche permettervi di possederne due o tre paia da cambiare in base agli abbinamenti e ai colori del vostro outfit. Il gioco diventa ancora più divertente quando le lenti sono finte e l'occhiale viene usato come un vero e proprio accessorio, per completare un look. Pensate alle star che lo indossano anche se non ne hanno alcun bisogno: anche voi potete fare la stessa cosa per ottenere quel tocco di personalità in più! Se volete darvi un'aria particolarmente seria e rigorosa in ufficio, gli occhiali possono fare miracoli e rivelarsi addirittura strategici. Se per esempio dovete condurre una riunione importante, indossate il vostro abito in maglia leggera nera e infilate un paio di occhiali anni '60, sempre neri. Il messaggio sarà chiaro: con voi non si scherza!

Come indossarlo

Attenzione a scegliere il modello giusto. Se avete il viso di forma tonda, sceglietee un occhiale con montatura leggera, se il vostro viso è ovale optate per una montatura importante, mentre se il viso è di forma squadrata indossate un occhiale di forma a farfalla.

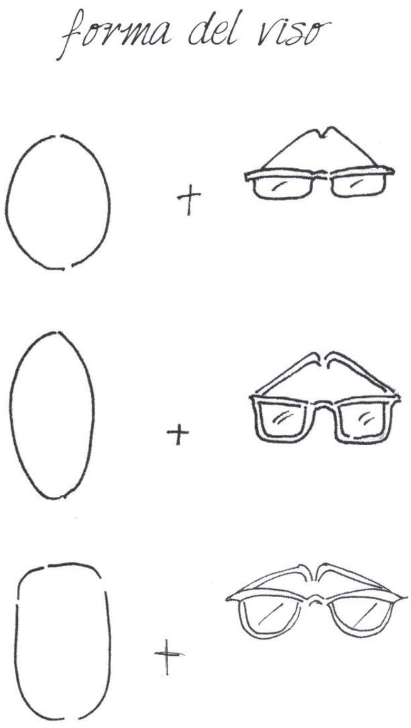

Ordine

Se si possiedono tante montature diverse, è bene riporle in raccoglitori con divisori in modo da individuarle immediatamente.

Nel guardaroba ho trovato...

IL TUBINO NERO

Simbolo di eleganza e raffinatezza, è il capo che ogni donna dovrebbe avere nel suo guardaroba. La forma pulita e il colore neutro lo rendono un passepartout formidabile, capace di risolvere in un colpo solo i vostri dilemmi su cosa mettere in valigia per la trasferta di lavoro.

Decidere cosa portare con sé per un viaggio di lavoro può risultare impegnativo. La valigia è sempre troppo piccola e le occasioni "socializzanti" abbondano. In questi casi fugate ogni dubbio e tirate fuori dal guardaroba il tubino nero, il capo must have per quest'occasione: con gli accessori giusti sarà perfetto sia la mattina che la sera. Se avete un meeting al mattino indossatelo con la collana di perle; se prevedete che ci sia l'aria condizionata avvolgete una stola nera intorno alle spalle. La sera, per una cena con i colleghi, impreziositelo con accessori eleganti come il collier luccicante e la pochette.

Come indossarlo

Se avete il vitino di vespa, indossate l'abito nero con una cintura colorata. Se invece la vostra fisicità è più generosa assicuratevi che la vestibilità del LBD sia proporzionale alle vostre forme, in modo che l'abito scivoli morbido.

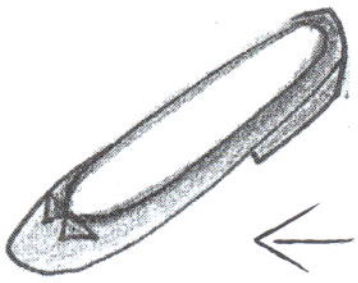

ballerina
in nappa nera

Accessori

Per il giorno: stola nera, cardigan, collana di perle, décolletés open toe e ballerina.
Per la sera: pochette, sandalo luccicante, bracciale e collier glam.

collana
in perle

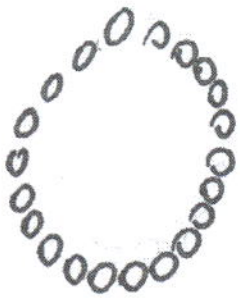

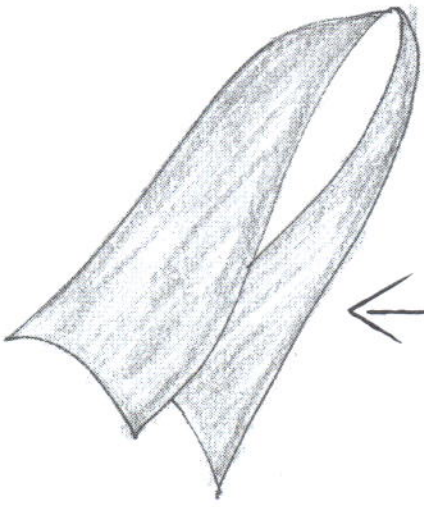

stola
nera

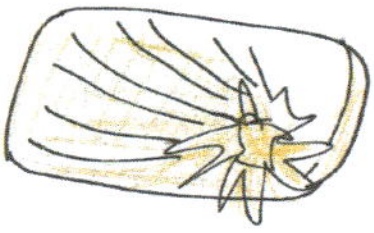

pochette sera
con decorazioni

collier
luccicante

décolletés
open toe
con
platform

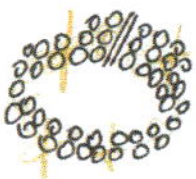

bracciale
in argento
e oro

sandalo sera
in raso
e cristallo

Le regole generali del guardaroba perfetto

CON COSA INDOSSO IL TUBINO NERO?

SÌ: CON LE DÉCOLLETÉS.

MAI: CON UNA GIACCA OVERSIZE.

NEL GUARDAROBA HO TROVATO...

LA DIVISA

Se il vostro lavoro richiede di indossare la divisa, che divisa sia, a patto di non trascurare estetica e armonia.

Le divise sono l'uniforme di lavoro di moltissime persone, non solo in ambito professionale medico, ma anche nei bar e nei ristoranti, nei panifici e nelle pasticcerie, nelle palestre e nei saloni di bellezza. Se anche voi rientrate in questa categoria, il trucco è valorizzarla al meglio con qualche tocco personale.
Innanzitutto il segreto per essere carine è calcolare bene la misura. Per ottenere un fitting sartoriale sul vostro camice, per esempio, controllate che lunghezza e larghezza maniche siano a misura e che la linea del punto vita e fianco sia sagomata. Assicuratevi poi che la lunghezza della gonna arrivi a filo ginocchio e non oltre.

Firma il tuo stile:

Fissate una spilla di tessuto a forma di margherita sul taschino del vostro camice.

Accessori

Il vostro camice bianco sarà ancora più luminoso se abbinato a un paio di orecchini pendenti colorati.

orecchini pendenti

linea vita e fianco sagomata

Se la vostra divisa è colorata o fantasia, sotto il camice con scollo a V indossate una t-shirt colorata e controllate che il pantalone non sia troppo lungo, corto né informe. Indossate le Crocs abbinate al colore del camice e del pantalone.

lunghezza manica corretta

Crocs colorate

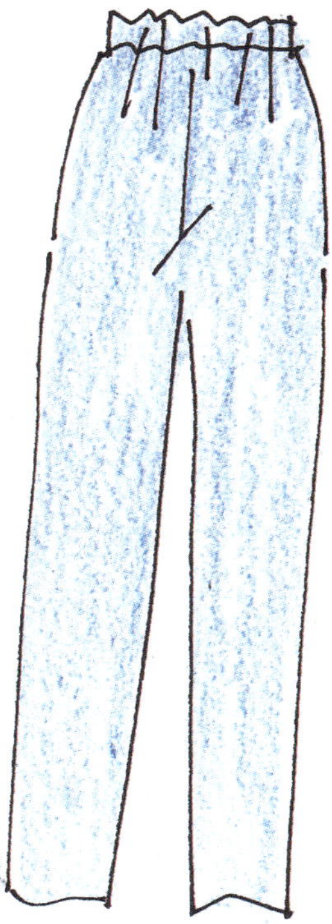

pantalone colorato

Se lavorate nella cucina di un ristorante, sopra al pantalone calza a pennello la giacca da chef, sia bianca, nera oppure in contrasto di colori come il rosso, il blu o il verde.

Colori

Accessori

Optate per un cappello da cuoco con una forma leggermente femminile che vi addolcisca il viso.

iniziali ricamate in oro

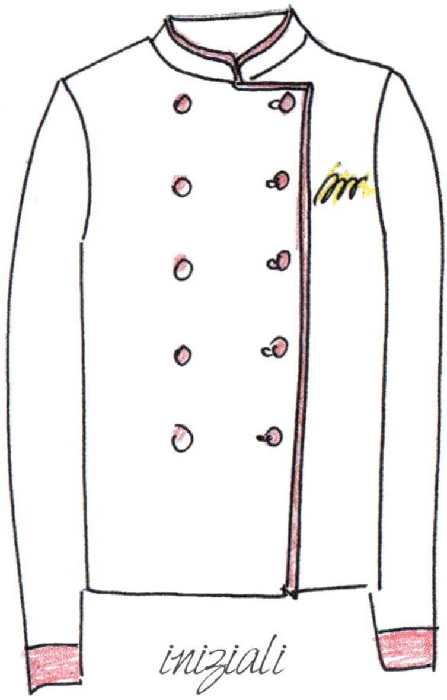

iniziali ricamate

Firma il tuo stile:

Ricamare sulla giacca le proprie iniziali in oro è un bel segno di distinzione e femminilità.

Manutenzione

Se le divise vengono lavate professionalmente, dopo molti lavaggi soprattutto quelle bianche in cotone mutano di colore: il bianco si trasforma in un bianco grigiato oppure in bianco giallastro. Per evitarlo, provvedete ogni tanto a un candeggio delicato. Il bianco deve essere splendente!

canottiera sotto la polo

Se lavorate in una palestra, per rendere il vostro outfit più personale, indossate sotto la vostra polo una canotta coloratissima.

Accessori

Sostituite i lacci delle scarpe da ginnastica con dei nastri colorati, nelle tonalità più disparate.

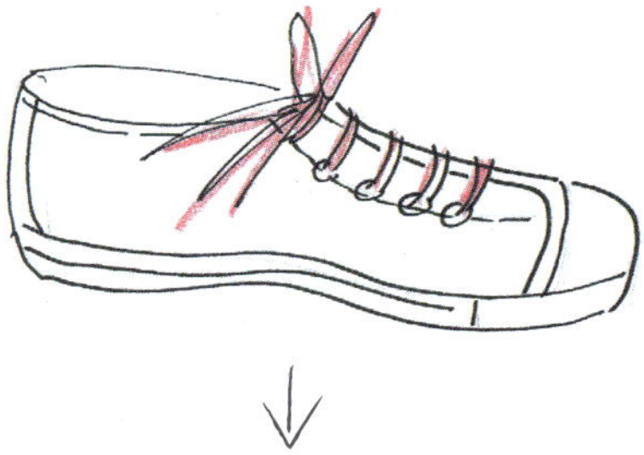

nastri colorati

Le regole generali del guardaroba perfetto

CON COSA INDOSSO LA DIVISA?

SÌ: CON UN DETTAGLIO FEMMINILE.

MAI: A CONTATTO CON LA PELLE E INTIMO IN PIZZO.

NEL GUARDAROBA HO TROVATO...

LA SCATOLA DEI BIJOUX

In certe occasioni, soprattutto quelle importanti, è il gioiello che fa la differenza. Perciò, che si tratti di un colloquio di lavoro, del primo giorno in ufficio o di un pranzo con un cliente di riguardo, la pietra, la perla, il metallo prezioso completano il vostro biglietto da visita.

Per il look da indossare il giorno del colloquio dovete andare a colpo sicuro. Se il posto che cercate è in un ambiente formale, infilate la vostra collana di perle e abbinatela a una camicia bianca e una gonna grigia scura o nera di linea dritta. Lasciate che dalla camicia appena sbottonata si noti il pizzo delicato del top intimo in colore avorio: conferirà femminilità e luce al viso. Ai piedi scarpe alte décolletés senza plateau e borsa a spalla in tessuto jacquard.

Firma il tuo stile:

Intrecciate al giro di perle un sottile nastro di raso.

Accessori

In alternativa alla collana di perle, optate per un collier corto a girocollo in pietre semipreziose, nelle tonalità dei blu e degli azzurri come l'agata e il lapislazzulo.

Firma il tuo stile:

Se il vostro bijou ha una tonalità particolare di azzurro, scegliete un make-up leggero sulle palpebre con le stesse colorazioni.

Se affrontate un colloquio in un ambiente meno formale, come per esempio una casa editrice, potete sfoggiare un bijou meno impegnativo come una collana lunga brillante di pietre dure incastonate dai colori femminili: il rosa e il lilla dell'opale, della giada rosa e dell'ametista vi illumineranno la figura. Abbinatela a un cardigan in maglia leggera, indossato sopra la camicia e una gonna appena svasata a fantasia che vi copre a filo il ginocchio.

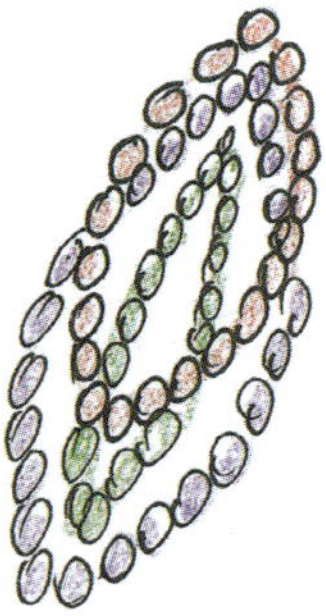

Se la vostra ambizione è lavorare in un ambiente creativo, le regole sono più disinvolte e potete optare per un jeans scuro leggermente rigido abbinato a una t-shirt grigia mélange non rifinita, con stampa grafica colorata tipo advertising.

Accessori

Ricordate che gli accessori parlano di voi. Abbinate al vostro look creativo solo uno dei vostri bijoux particolari. Se volete darvi un tocco femminile, indossate gli orecchini a clips e cerchi, se avete voglia di un tocco colorato optate per i bangles squadrati, mentre se quello che volete ottenere è un accento etno pop, scegliete la collana lunga.

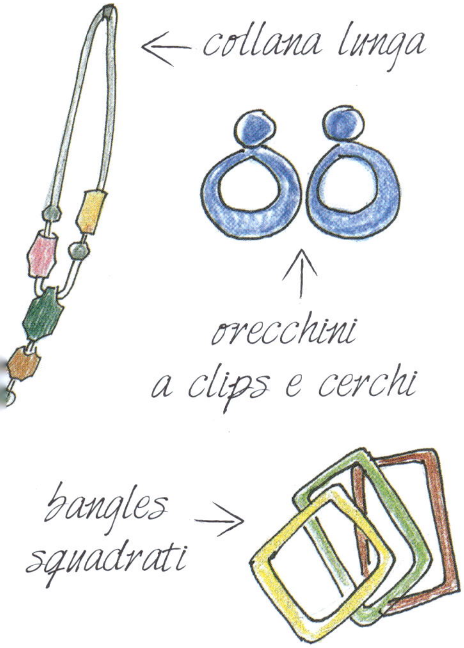

NEL GUARDAROBA HO TROVATO...

I LEGGINGS

Via di mezzo tra pantalone super aderente e collant, i leggings calzano sempre e sono iper comodi: un vero e proprio jolly da indossare in tutte le situazioni informali, dalla scuola al lavoro creativo. Per giovani, giovanissime, ma non solo...

Creatività e freschezza in primo piano! I leggings sono il must have per le ragazze giovani che desiderano un capo informale da abbinare in una miriade di modi diversi.
Ecco qualche suggerimento per chi è studentessa universitaria. Innanzitutto abbandonate il look "quattrocchi" e puntate a essere trendy: scegliete un abbinamento pratico e femminile e definite il tipo di borsa in base alla quantità di libri da portare.
Se la vostra facoltà è economica o scientifica, abbinate i leggings in colore scuro a una camicia maschile. Per avere un'immagine più seriosa indossate un piccolo blazer in jeans di dimensioni minute.
Se frequentate una facoltà nel campo umanistico o creativo, scegliete invece i leggings con maxi t-shirt e gilet in denim.

Accessori

Piuttosto che portare zaini di serie, optate per una borsa shopper in tessuti tecnici come il nylon. Preferite mocassini e ballerine in colori scuri agli stivali.

Accessori

Indossate braccialetti portafortuna realizzati da voi stesse utilizzando fili colorati e tessuti di diverse pesantezze. Ai piedi: ballerine colorate o biker.

cordoncini

tessuti

ballerine colorate

braccialetti portafortuna

Per le più piccole che frequentano il liceo, ecco un look semplice e naturale: indossate i leggings con scarpe da ginnastica e maglietta, avendo cura di abbinare bene i colori. In alternativa, gonna o pantalone in tessuto jeans e camicia scozzese. In inverno non dimenticate il collant colorato.

Accessori

Al liceo, portate il cerchietto ricoperto in tessuto con decoro a fiori anni '70. In inverno giocate con i collant colorati.

cerchietto con decoro anni '70

Attenzione: i leggings non sono confinati solo alle teens e alle ventenni che frequentano l'università! Anche negli ambienti di lavoro creativi, come gli uffici di pubbliche relazioni, le aziende di moda, le redazioni o le agenzie pubblicitarie, potete osare e dare sfogo alla vostra originalità. Il dress code qui è personalità. Indossate il blouson in nappa nera, la t-shirt in viscosa grigio mélange con stampe grafiche sul davanti e i jeggings, ovvero il jeans di forma aderente come i leggings, con disegni etnici ricamati.

Accessori

Il biker, ovvero lo stivaletto basso, la cintura con borchie, la borsa da giorno grande in nappa nera e gli occhialoni scurissimi da indossare quando siete fuori ufficio.

Come indossarlo

Se le vostre gambe sono un po' tornite, al posto dei jeggings indossate il pantalone a sigaretta. Sarete altrettanto stilose ma più eleganti!

Per un look sofisticato ed elegante indossate i leggings con una gonna dritta o un vestito, entrambi lunghi fino sopra al ginocchio.

Firma il tuo stile:

Anche negli ambienti creativi il look può diventare una divisa. Per risultare uniche e irripetibili, scegliete un accessorio, come un piccolo foulard, e indossatelo sempre in modo diverso: sul collo, in vita, al polso.

Le regole generali del guardaroba perfetto

CON COSA INDOSSO I LEGGINGS?

SÌ: CON UN CAPO DI VOLUME SOPRA.

MAI: IL TUTTO ADERENTE! È TROPPO SCONTATO E MISERO.

Nel guardaroba ho trovato...

LA GONNA DRITTA

Stretta e a vita alta, la gonna dritta vi dà un tocco elegante senza essere eccessivamente austera come il tailleur. Perfetta per conferirvi un tono di serietà e professionalità, per esempio nel giorno della vostra laurea, in cui dovrete affrontare la commissione di esperti.

La gonna dritta può essere semplice se fa parte di un tailleur, ma se l'avete acquistata come capo singolo può avere dettagli unici, come piccole pieghe, cuciture e contrasti di colore.

Seppur di linea dritta con lunghezza a filo ginocchio, questo tipo di gonna può avere piccole variazioni di silhouette ed essere a tubo, a sbieco, a boule, a sirena o aderente. Se volete indossarla per occasioni formali come la laurea, sceglietela in colori scuri: blu navy o nero, e nei tessuti quali il fresco lana o lo stretch. In entrambi i casi la gonna avrà il pregio di non stropicciarsi o inumidirsi di sudore anche se restate in attesa ore e ore per la vostra convocazione.

Come indossarlo

Scegliete la gonna a tubo se il vostro fisico è burroso, a boule se siete mignon, a sbieco se la vostra fisicità è del tipo a viola, a sirena se il vostro corpo è del tipo a clessidra e aderente se la vostra fisicità è a colonna.

Accessori

Indossate le décolletés con tacco o platform color beige e un collier in ametista.

Colori

Abbinata a una camicia in raso di seta nei colori femminili quali il rosa o il malva otterrete subito un'immagine ordinata e autorevole.

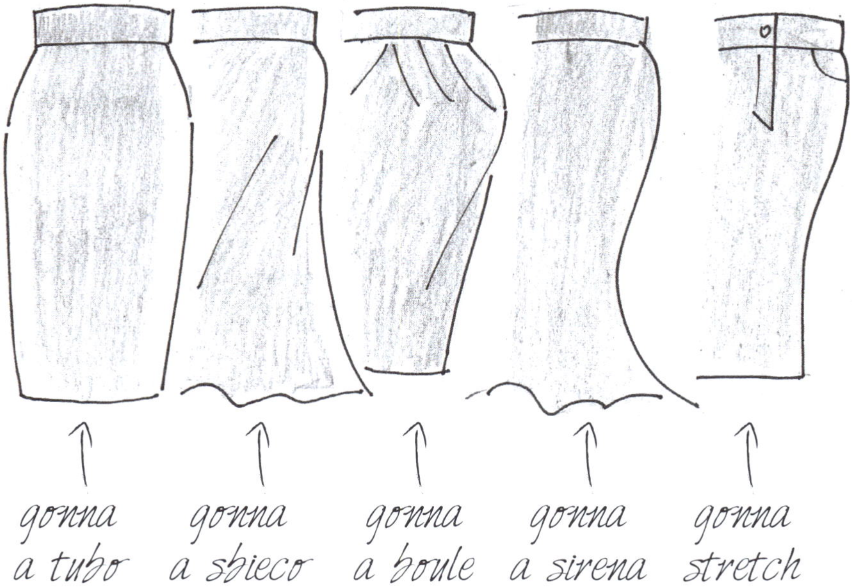

Le regole generali del guardaroba perfetto

CON COSA INDOSSO LA GONNA DRITTA?

SÌ: CON UN CAPO CORTO SOPRA.

MAI: CON UN CARDIGAN DI LUNGHEZZA AI FIANCHI.

NEL GUARDAROBA HO TROVATO...

L'INTIMO IN COTONE

È quello più pratico e comodo per la vita di tutti i giorni, per chi va in palestra oppure fa sport all'aria aperta. Consigliato anche quando vi recate a una visita medica.

Quando la situazione lo richiede, canottiere, top, slip, culotte, reggiseni, brassière e body devono essere bianchi immacolati ed essenziali.
Uno di questi casi è la visita dal medico specialista. Evitate anche capi complicati da togliere e profumi invadenti. L'ideale è: pullover leggermente scollato o maglia leggera, gonna o pantalone. Niente sovrapposizioni, altrimenti ci mettereste troppo a spogliarvi.

Ordine

Organizzate il vostro intimo in contenitori a divisorio dove riporre reggiseni e slip suddivisi per colore.

Come indossarlo

Il reggiseno è il primo capo che ci rende bellissime. Se avete molto seno sceglietelo con il ferretto e le spalline larghe, aggiustandole in modo che il seno sia in posizione perfetta. Se il vostro seno è minuto non indossate i preformati: l'effetto volume sarà finto e poco naturale. Meglio optare per reggiseni con forme anatomiche valorizzanti.

Manutenzione

L'intimo in cotone o in filo di Scozia è molto delicato. Lavatelo a mano e non ad alte temperature. Piuttosto lasciate i capi in ammollo per una notte con detersivo delicato.

In particolare, se dovete andare dal chiropratico, indossate biancheria stretch in cotone. L'ideale è un body bianco aderente: il tessuto evidenzierà i muscoli e la vostra struttura fisica, aiutando il professionista durante la manipolazione. Il reggiseno a brassière e il triangolo in cotone sono una buona alternativa.

reggiseno in cotone a triangolo

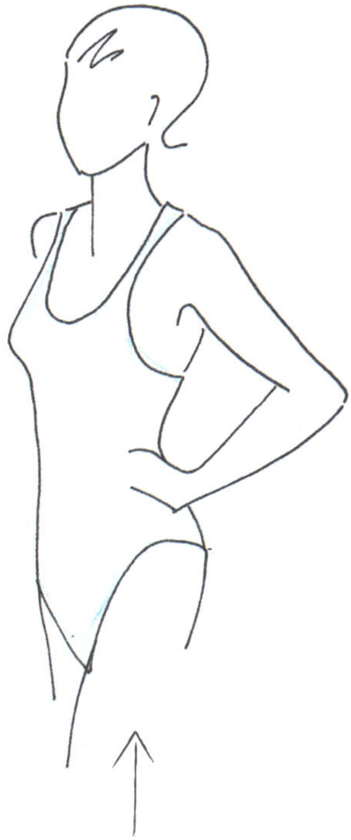

body in cotone elasticizzato

brassière in cotone bianco

Le regole generali del guardaroba perfetto

COME INDOSSO L'INTIMO?

SÌ: IL REGGISENO COLOR NUDO. NON SI VEDE NEMMENO SOTTO UNA T-SHIRT BIANCA.

MAI: IL REGGISENO PREFORMATO SOTTO UNA CAMICIA ADERENTE. L'EFFETTO RIGONFIO FINTO SI NOTA SUBITO!

IL MIO GUARDAROBA

☐ Completo giacca e pantalone

....

....

....

☐ Gonna a pieghe

....

....

....

☐ Tubino nero

....

....

....

☐ Leggings

....

....

....

☐ Gonna dritta

....

....

....

☐ Intimo in cotone

....

....

....

☐ Clutch, tracolla, pochette

....

....

....

☐ Occhiali da vista

....

....

....

☐ Scatola dei bijoux

....

....

....

☐ Divisa

....

....

....

IL GUARDAROBA PERFETTO

Tempo libero

Gli indispensabili

1. Trench
2. Pantalone sportivo
3. Salopette
4. Abito incrociato
5. Abito chemisier
6. Soprabito in maglia
7. Hot pants
8. T-shirt sportiva
9. Blusa romantica
10. Cardigan in maglia
11. Tuta sportiva
12. Bikini
13. Costume intero
14. Gilet da uomo
15. Abito in jersey a t-shirt

NEL GUARDAROBA HO TROVATO...

IL PANTALONE SPORTIVO

Che dobbiate fare la spesa al supermercato, correre a prendere vostro figlio a scuola o portare a spasso il cane in campagna, il pantalone sportivo è il jolly che risolve la situazione al volo. A patto di non penalizzarne la versatilità con abbinamenti poco curati.

Cargo, a cinque tasche, elasticizzato in vita o taglio jeans: il pantalone del tempo libero è sinonimo di comfort e comodità. Ma se pensate di cavarvela abbinandolo a capi sformati e sbiaditi dai lavaggi, o tute della palestra in disuso ormai da anni, vi sbagliate di grosso. Anche quando credete di passare inosservate l'outfit deve essere curato al massimo. Perciò, se volete indossare i vostri comodi cargo, scegliete di accostarli a un capo scenico come una morbida maglia a cappa con frange. Ricordate che la linea del pantalone cargo deve essere stretta quando il capo sopra è di volume. E per valorizzare la femminilità dell'outfit controllate orlo e vestibilità del pantalone: il cargo dovrà aderire alla gamba e avere l'orlo di lunghezza giusta per la vostra scarpa. E, infine, arrotolate il fondo se non volete apparire troppo goffe.

canvas color militare

Come indossarlo

Ragazze minute, fate attenzione che le tasche del vostro cargo non siano troppo ampie rispetto alla linea del pantalone. Altrimenti vi abbasseranno e sembrerete ancora più piccoline.

Accessori

Piccola tracolla in tessuto e cuoio, cappello in feltro. Se il tempo fosse inclemente, indossate gli stivali in gomma. Ovviamente il pantalone va dentro agli stivali!

maglia a cappa con frange
lana di stampa cachemire con frange
pantalone cargo verde
tracollina in tessuto e cuoio
Wellingtons in gomma
cappello in feltro con nastro in gros grain

Per un look più metropolitano, invece, utilizzate il pantalone cargo ma in colore nero o blu, oppure potete variare con dei pantaloni a cinque tasche in gabardine di cotone. Abbinate una t-shirt e un pullover e, se fa fresco, scegliete un piccolo trench o un blouson in nylon.

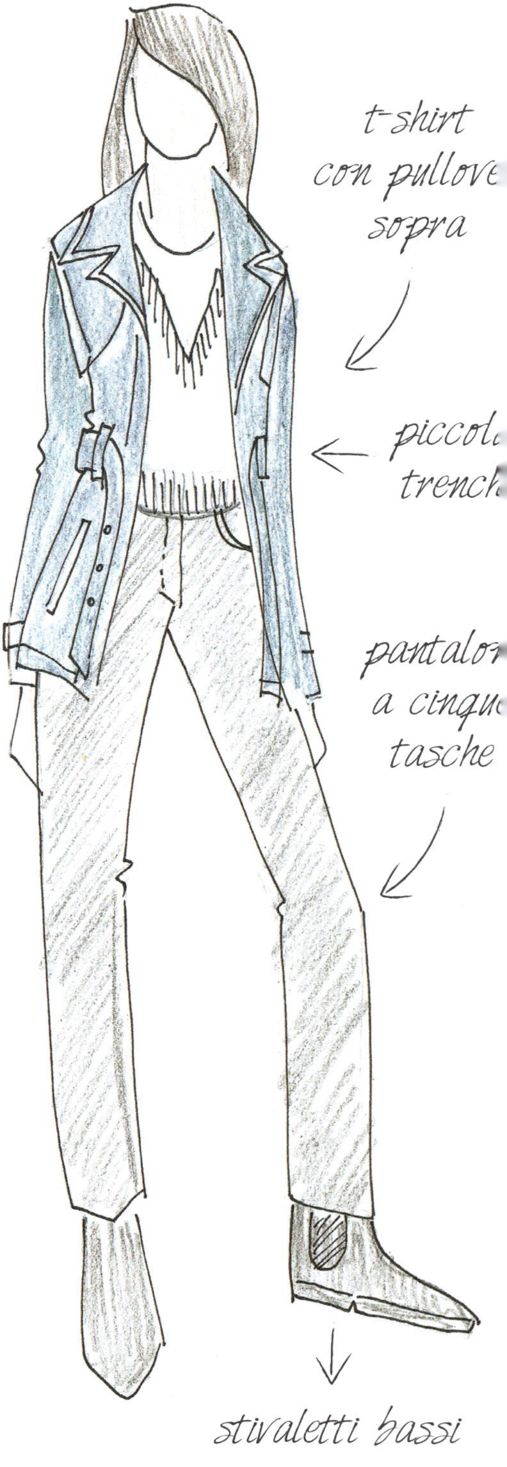

Accessori

Per praticità scegliete stivali che arrivino sotto il ginocchio oppure stivaletti bassi tipo Beatles, rigorosamente neri.
Borsa a tracolla e stola al collo.

Manutenzione

Il nylon è formato da fibre sintetiche. Lavatelo a una temperatura bassa, non oltre i 40 gradi, perché rischiate di sgualcire il capo. La stessa cosa vale per la stiratura: il nylon è molto sensibile al calore, per cui stiratelo a una temperatura moderata.

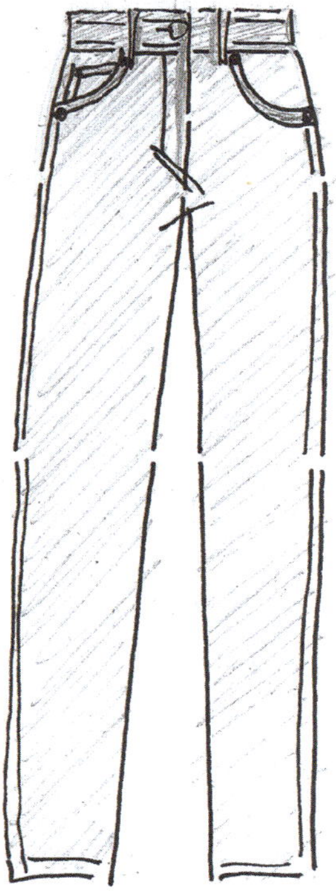

cinque tasche
in gabardine
di cotone
o in velluto
1000 righe

Firma il tuo stile:

Ai vostri cappelli aggiungete un fiocco tipo coccarda. Vi sembrerà di passeggiare a Parigi "sur le quai de la Seine".

decora il tuo basco
con un fiocco
in gros grain

Le regole generali del guardaroba perfetto

CON COSA INDOSSO IL PANTALONE SPORTIVO?

SÌ: CON GLI SCARPONCINI IN CUOIO.

MAI: CON CAPI INFORMI E LUNGHI OLTRE AL GINOCCHIO.

NEL GUARDAROBA HO TROVATO...

LA BLUSA ROMANTICA

La blusa in seta bianca, impalpabile e quasi trasparente, rimanda subito ad atmosfere d'altri tempi, agli incontri romantici, alla lingerie ottocentesca. Per immedesimarsi nei batticuori e sospiri di un film d'amore, insieme alle amiche.

Volete indossare la blusa di seta bianca senza cadere in un look sdolcinato e troppo soft? Scegliete di contrastarne le linee morbide e sinuose con pantaloni maschili ampi e di colore nero e mixando l'outfit con accessori di diverso stile. Il risultato sarà un look sensuale ma al tempo stesso molto sofisticato.

Come indossarlo

La blusa è adatta a fisici a colonna e mignon. Se rientrate nella prima categoria, indossate la blusa sopra ai pantaloni fermandola sul fianco con una mini cintura: in questo modo si creerà un effetto casacca. Per le fisicità minute tenete la blusa leggermente sbottonata e infilatela dentro al pantalone di linea asciutta a matita, vi slancerà la figura. In alternativa, abbinate alla blusa romantica una gonna a pieghe, svasata o a ruota. Avrete un look di tendenza un po' bambolina!

Firma il tuo stile:

Trasformate i coloratissimi astucci per le matite in magnifiche pochette per la sera. Scegliete bene e nessuno si accorgerà che sono portamatite!

Manutenzione

Appendete sulla gruccia la camicia a blusa e senza riannodare il fiocco al collo: lasciatelo scivolare sul davanti libero, in modo da non trovarlo completamente stropicciato quando dovrete indossarla di nuovo.

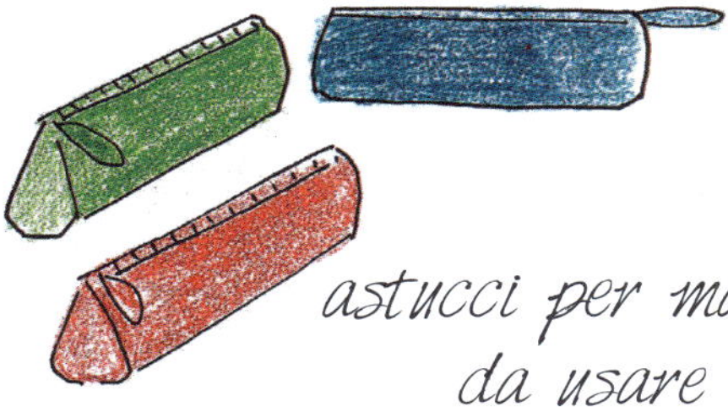

astucci per matite da usare come pochette

Accessori

Stringete in vita una cintura a catena, scegliete dei meravigliosi orecchini chandelier in jais neri e come scarpe delle décolletés alte da fare spuntare appena sotto il fondo dei pantaloni. Il tocco del lipstick dovrà essere rosso fuoco per conferirvi un'allure speciale.

seta

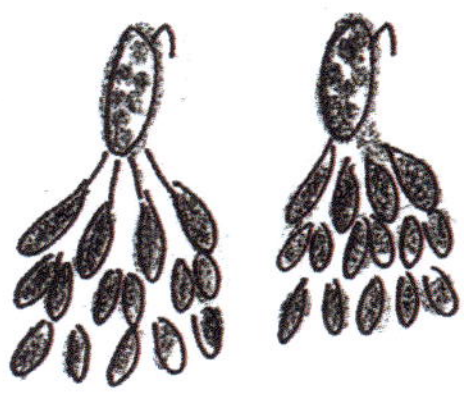

orecchini chandelier con jais neri

rossetto rosso fuoco

NEL GUARDAROBA HO TROVATO...

LA T-SHIRT SPORTIVA

Stasera vi ritrovate tutti davanti allo schermo di casa per i mondiali di calcio, oppure dovete fare il tifo per le amiche che giocano a volley o per la squadra di minibasket di vostro figlio. Tirate fuori la vostra t-shirt sportiva e mixatela in modo trendy!

Volete mostrarvi grintose senza rinunciare a stile e originalità? Indossate la t-shirt sportiva oversize blusante e fermatela con una cintura nel fianco. Sotto mettete un'altra t-shirt coloratissima in modo da creare un gioco di sovrapposizione e completate con leggings blu scuri.

Come indossarlo

Se siete burrose ma con il punto vita ben segnato, indossate la cintura più in alto verso il seno. La vostra linea verrà valorizzata.

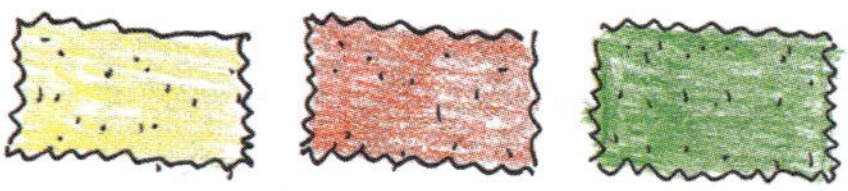

alternative di colori per la t-shirt

Accessori

Scarpe sportive, tracolla active colorata, cappellino e piccola bandana.

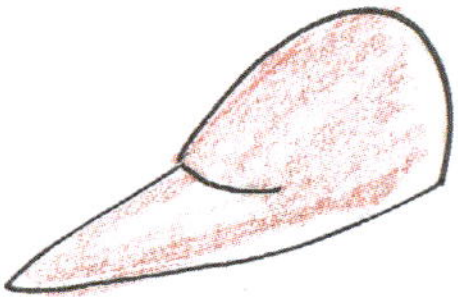

cappello con visiera

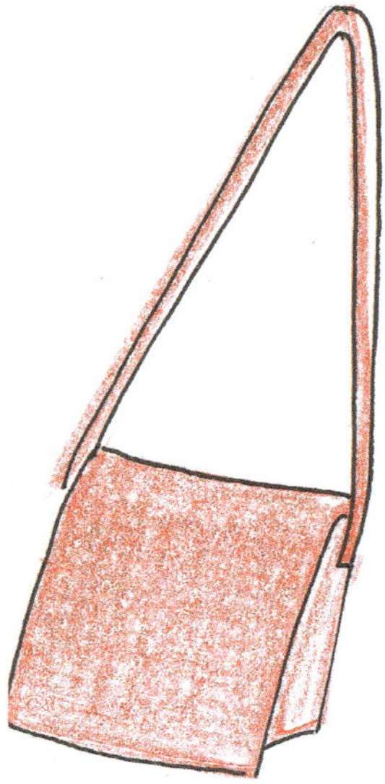

tracolla active

Ordine

Le t-shirt sportive devono essere riposte arrotolate nei raccoglitori a divisori, facendo in modo che il disegno o la grafica della t-shirt stia sempre sulla parte superiore.

foulard bandana

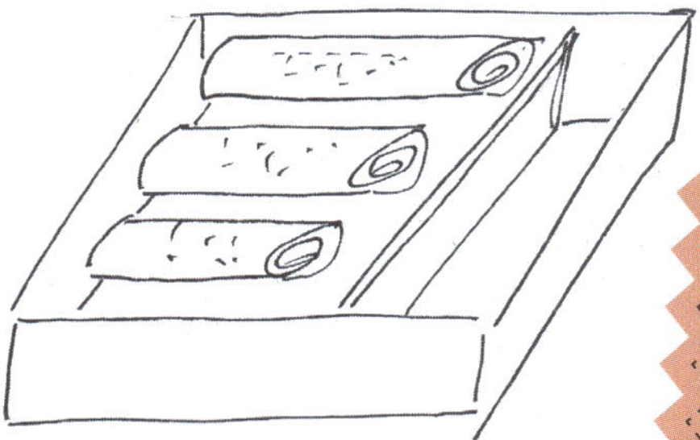

t-shirt arrotolate

Le regole generali del guardaroba perfetto

CON COSA INDOSSO LA T-SHIRT SPORTIVA?

SÌ: CON UN'ALTRA MAGLIA A MANICHE LUNGHE SOTTO.

MAI: CON UN CAPO SOTTO DI VOLUME, COME UNA GONNA A PIEGHE O UN PANTALONE DI LINEA AD ANFORA.

Nel guardaroba ho trovato...

L'ABITO CHEMISIER

Vi aspetta una bellissima giornata estiva di puro relax in piscina, o nella casa al lago degli amici oppure in campagna. Ecco l'occasione giusta per tirare fuori l'abito chemisier, all'insegna della comodità e della freschezza.

In cotone dal tessuto maschile in tinta unita, oppure a righe bastonetto o a piccola fantasia, con colletto a punta e tasche applicate sul davanti, l'abito chemisier è sinonimo di eleganza minimal e raffinata. Si abbina bene alla cintura, sia quella alta a bustier che quella di cuoio in stile più maschile. Ai piedi infilate le ballerine o, se l'atmosfera è decisamente più "a bordo piscina o mare", optate per le infradito o le espadrillas.

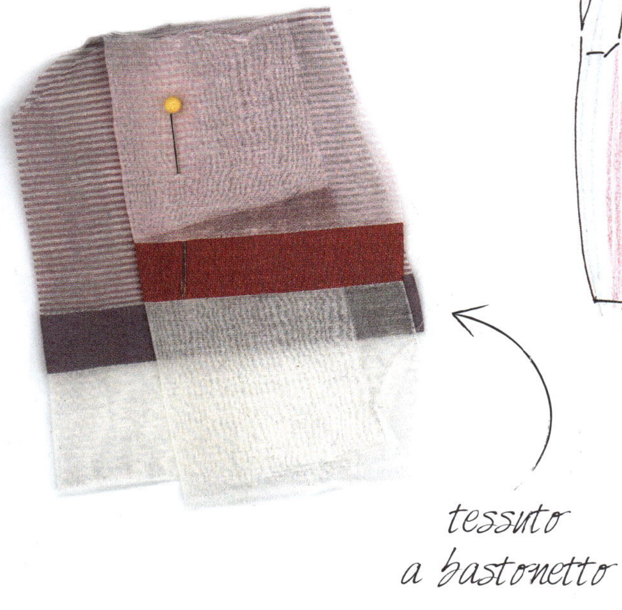

Come indossarlo

Se avete un fisico snello e slanciato, indossate l'abito chemisier dritto senza riprenderlo sul punto vita, come fosse uno spolverino, magari abbinandolo a pantaloni molto aderenti oppure ai leggings. Se invece il vostro fisico è a clessidra, indossatelo leggermente sbottonato sul décolleté e arrotolate le maniche. Aggiungete una cintura alta in vita: come per magia il vostro abito chemisier diventerà molto seducente!

Accessori

Il foulard a carré, per un tocco più formale, e le borse capienti, come le shopper a spalla, ottime se fate sport e avete mille cose da portare con voi.

foulard a carré

borsa shopper

Le regole generali del guardaroba perfetto

CON COSA INDOSSO L'ABITO CHEMISIER?

SÌ: CON UNA CINTURA STRETTA SUL PUNTO VITA.

MAI: CON PANTALONI INFORMI SOTTO.

NEL GUARDAROBA HO TROVATO...

IL CARDIGAN IN MAGLIA

Dovete sfidare le temperature rigide di una serata elegante ma non volete rinunciare a stile e femminilità, e soprattutto non volete sembrare un orso? Agite d'astuzia sovrapponendo i capi con vestibilità contenuta. Si può essere chic anche a dieci gradi sotto zero!

Se in montagna la mise tecnico-sportiva è concessa di giorno, altrettanto non vale per le uscite serali o per affrontare il grande freddo che si abbatte anche in città. Che dobbiate prepararvi a una cena a lume di candela o a una serata a casa fra amici, evitate di seppellire la vostra femminilità sotto gli strati di lana. Basterà scegliere un capo, per esempio il cardigan in lana mouliné verde con grande collo, e giocare di sovrapposizioni: gonna al ginocchio stile plaid nei toni del marrone e un sensualissimo top in pizzo azzurro e lilla che sbuca sotto la maglia. Sopra indossate una cappa in feltro.

Accessori

Stivali con il tacco in para, collant decorati e pochette in cuoio.

Colori

Abbinate i capi con le stesse nuances di colore: quelli con i toni del beige, del verde o del marrone.

Piedi e mani non amano le temperature rigide, perciò indossate guanti e scarponcini stringati con pelo all'interno e non dimenticate il cappuccio in maglia.

destinazione montagna

intimo lilla

aglia in lana mouliné

tessuto scozzese

Manutenzione

La maglieria fatta a mano è molto delicata: con l'uso le costine dei bordi si allentano. Dopo il lavaggio, rigorosamente effettuato a mano, stendete il cardigan su un ripiano e abbiate l'accortezza di piegare le costine dei bordi. Il vostro capo manterrà così la freschezza e l'elasticità dei bordi come se fosse stato appena realizzato.

Le regole generali del guardaroba perfetto

CON COSA INDOSSO IL CARDIGAN IN MAGLIA?

SÌ: CON UNA GONNA O UN PANTALONE DI LINEA AFFUSOLATA.

MAI: CON UN ALTRO CAPO SOTTO IN MAGLIA CHE INGOFFA.

NEL GUARDAROBA HO TROVATO...

LA VECCHIA SALOPETTE

Quando serve, non c'è niente di meglio che la vecchia salopette per i lavori di casa: concede piena libertà di movimento, facile accesso agli utensili da tenere a portata di mano e zero preoccupazioni in quanto a rovinarla. A patto però di renderla femminile e divertente.

Nella tasca sinistra avete il pennellino per i ritocchi, in quella destra lo straccetto salvagoccia, nella pettorina davanti il cellulare... state per imbiancare le pareti del bagno ma vi manca quel tocco in più per personalizzare la vostra mise e non sentirvi infagottate. Vi basterà applicare qualche bordo a contrasto rosso e fermare il punto vita con un fiocco sgargiante. Sotto, indossate la blusa in cotone candido ed eccovi pronte per la grande impresa!

cerchietto decorato

Accessori

Indossate un cerchietto per capelli decorato, calzatura comoda a fantasia e un fazzoletto che terrete in tasca per togliervi dal viso le eventuali macchie di pittura fresca.

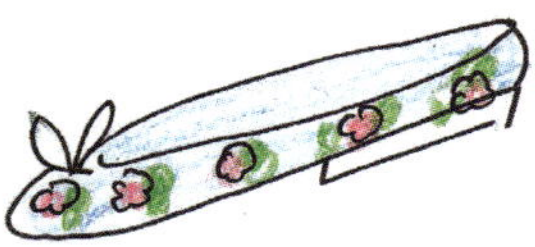

calzatura a fantasia

mussola bianca

gabardine cotone kaki

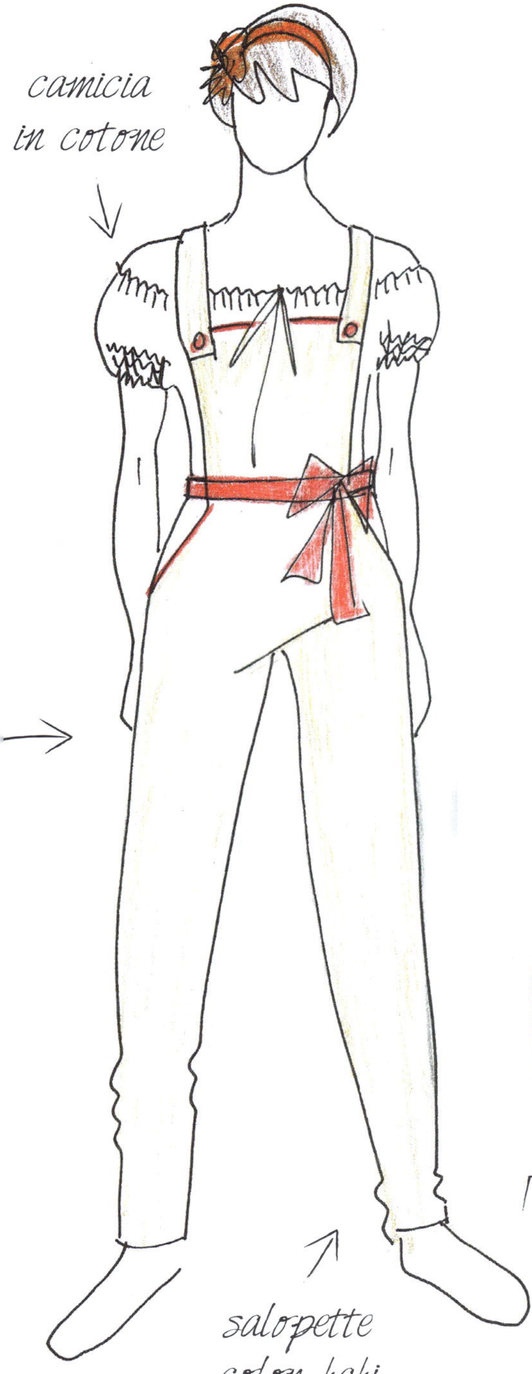

Come indossarlo

Se siete mignon potete tagliarla all'altezza ginocchio, diventerà così una salopette bermuda. Se il vostro fisico è generoso, sceglietela in tessuto di cotone leggero, in modo che non vi ingoffi.

Fai da te

Per caratterizzare la vostra salopette bianca e renderla femminile, procuratevi del nastro in raso rosso di due altezze. Per bordare la pettorina acquistatelo di 4 cm e cucitelo "a cavallotto". Per la cintura con fiocco in vita prendetelo alto 12 cm.

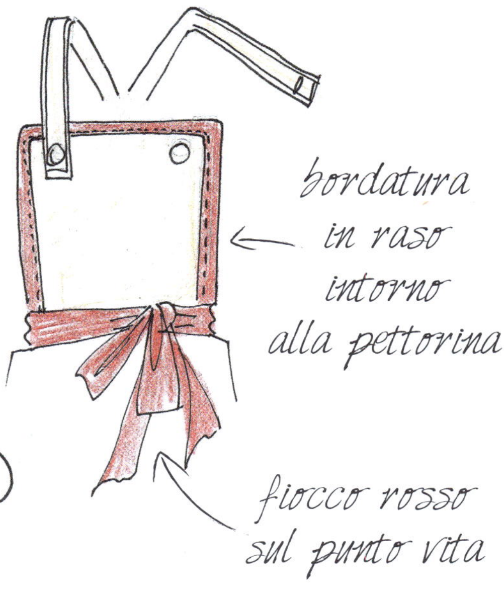

NEL GUARDAROBA HO TROVATO...

LA TUTA SPORTIVA

Siete stufe di indossare la solita mise da palestra e volete qualcosa di nuovo: nel fondo del guardaroba scovate una vecchia tuta dimenticata.
Ecco qualche piccolo trucco per trasformarla completamente.

Il massimo dell'eleganza in palestra? Il top sportivo olimpionico bianco abbinato al pantalone in jersey con fondo leggermente svasato, sempre bianco. Il tutto personalizzato con delle piccole pietre di cristallo colorate applicate ai bordi con effetto smoking.

Come indossarlo

Se siete snelle indossate la tuta bianca senza aggiungere nulla sopra. Se invece siete burrose, aggiungete un gilet in jersey per camuffare qualche rotolino sul punto vita.

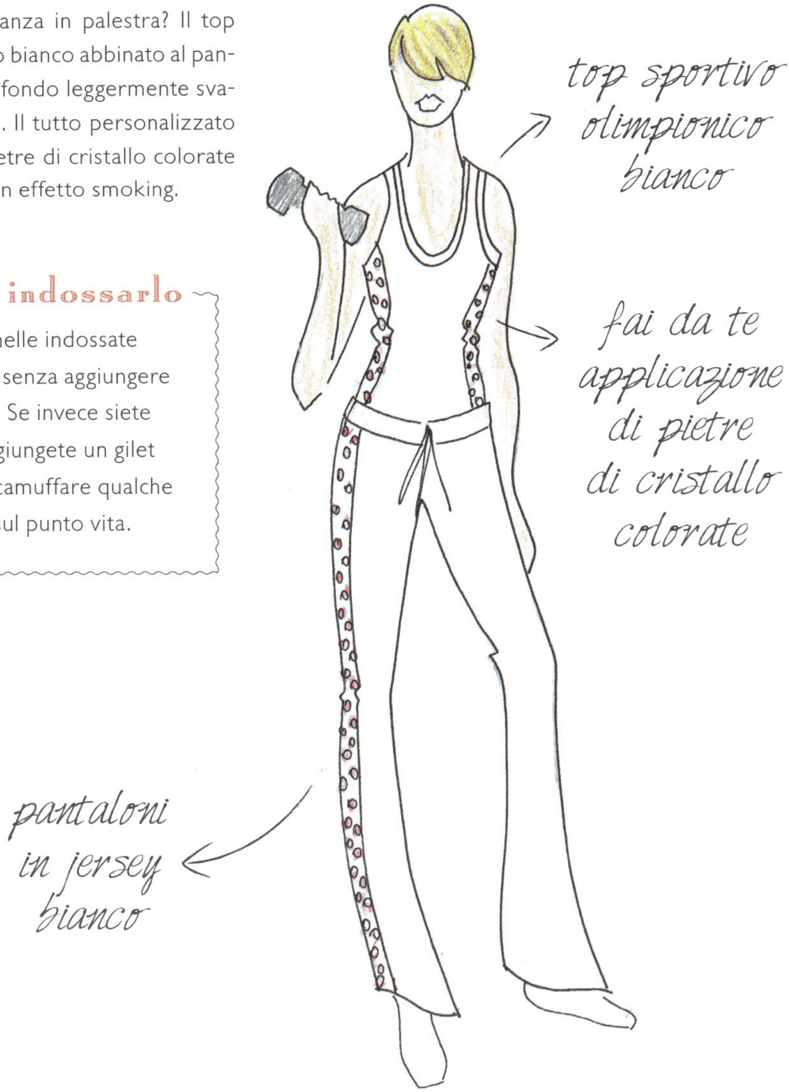

Fai da te

In commercio esistono diversi tipi di pietre crystal. Quelle da applicare a caldo sono le più piccole e veloci da attaccare: basta avere un ferro da stiro, un'asse e un panno in cotone. Si acquistano in fogli di varie dimensioni ed è sufficiente mettere la vostra tuta in piano e stendere il foglio di cristalli colorati sulla zona che volete decorare proteggendo le pietruzze con un panno. Quindi appoggiate per pochi secondi il ferro da stiro caldo. In alternativa, potete trovare ricche pietre sfaccettate di varie dimensioni che in questo caso dovrete cucire a mano.

Accessori

Per rendere ancora più glam il vostro look, aggiungete le pietre di cristallo anche sul telo asciugamano, sui guanti per gli esercizi e sulla fascia per i capelli.

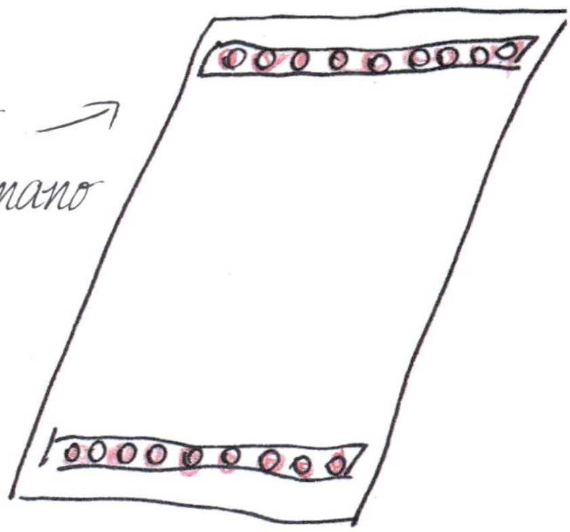

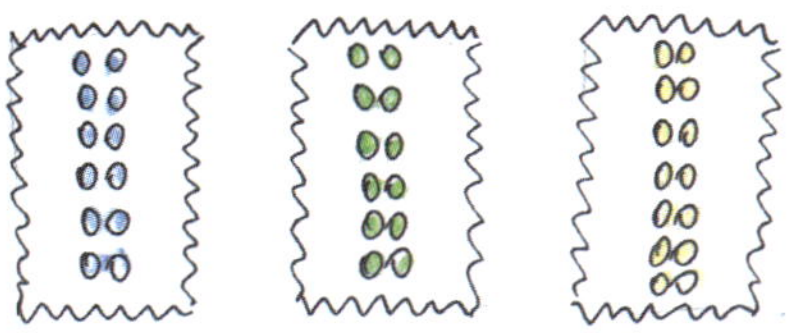

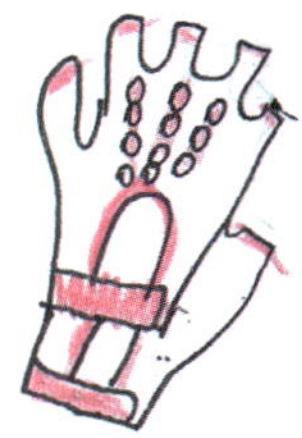

NEL GUARDAROBA HO TROVATO...

L'ABITO PRENDISOLE

Il piacere del caldo: poter indossare tessuti leggeri dai colori estivi, lasciando nude braccia e schiena per dare sfoggio all'abbronzatura. Ecco una piccola sfilata di abiti prendisole semplici e divertenti ideali per gite, party in giardino, barbecue, picnic...

La particolarità di questo vestitino leggero e disinvolto sta nella sua versatilità: basta cambiare scarpe e accessori ed eccovi pronte per un'altra occasione. L'unica accortezza sta nella scelta del tessuto: avete una festa tra amici o in famiglia al mattino o nel primo pomeriggio? Prediligete gli abiti in tessuto opaco come il cotone e il jersey.

Firma il tuo stile:

Raccogliete i capelli a coda di cavallo con un nastro in raso nei colori dell'abito.

Accessori

Abbinate zeppe coloratissime e piccole pochettes dai toni accesi.

raso stampa pois irregolare

Accessori

Zeppe in corda e materiali naturali come il sughero e il legno per il giorno. Dal crepuscolo in poi la zeppa dovrà essere ricoperta in vernice o nappa.

Firma il tuo stile:

Mettete una fascia colorata tra i capelli e lasciateli sciolti sulle spalle.

stampe a fiori medi come i tulipani o a frutta oppure pois grandi

habotai di seta stampa rose grafiche

Se invece il vostro rendez-vous è al pomeriggio inoltrato o alla sera, potete optare per gli abiti in tessuto semilucido come la seta e le stoffe stretch.

Ricordate inoltre che sarete all'aria aperta e spesso in controluce e che i tessuti leggeri lasciano intravedere tutto ciò che c'è sotto. Meglio perciò indossare una sottoveste in mussola di cotone o seta, vi sentirete più a vostro agio.

Firma il tuo stile:

Indossate un foulard tipo bandana annodato dietro alla nuca.

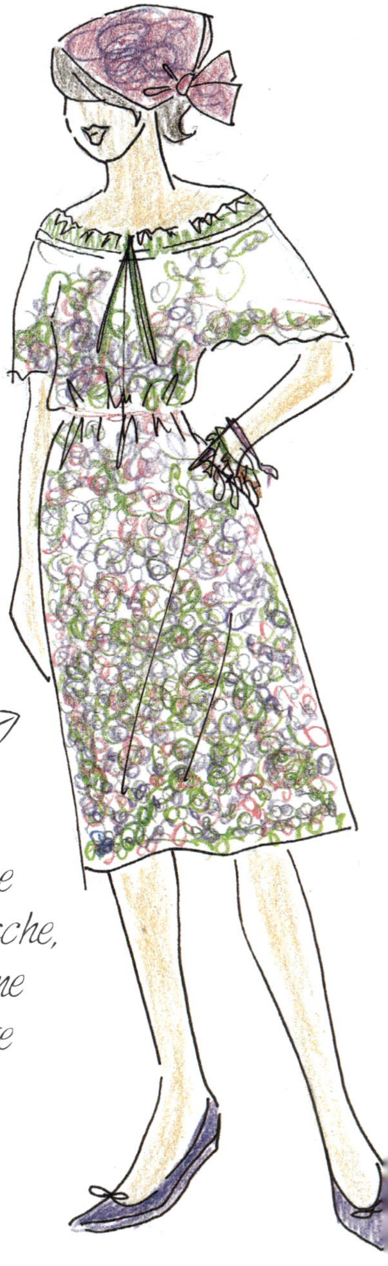

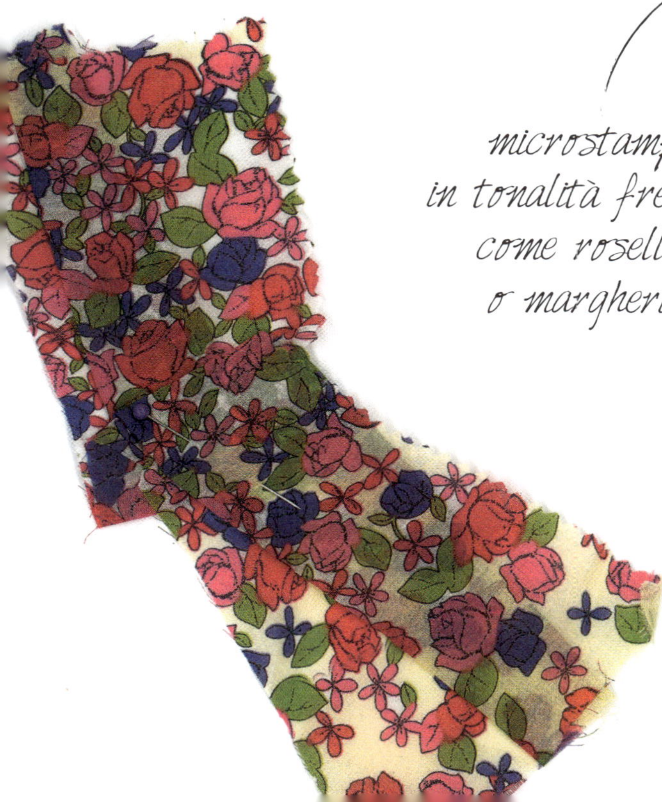

Accessori

Scegliete ballerine colorate o zeppe in corda e tanti bracciali a charms colorati.

Come indossarlo

Se il vostro fisico è a clessidra, scegliete l'abito con gonna ampia e strizzate il punto vita con una cintura. Se siete di tipologia androgina scegliete i modelli che lasciano scoperte le spalle; per esempio optate per gli abiti a fascia o quelli con spalline incrociate sul dietro. Se il vostro fisico è a viola, optate per l'abito a stile impero e mettete una cintura sotto al seno.

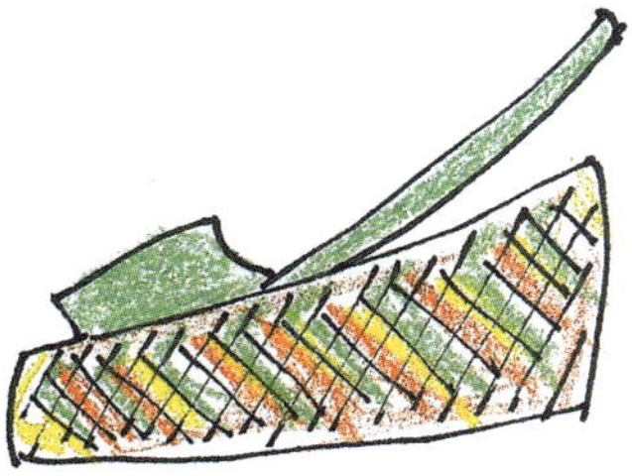

zeppa in corda

braccialetto con charms

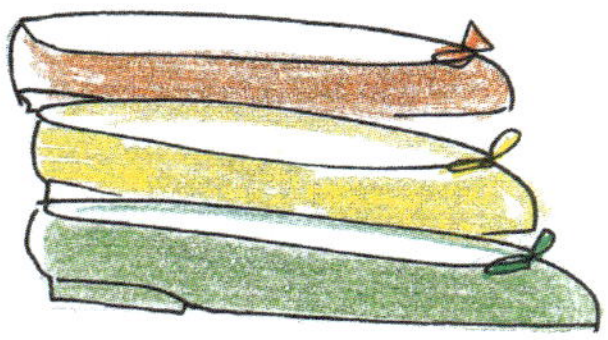

ballerine coloratissime

Le regole generali del guardaroba perfetto

COME INDOSSO L'ABITO PRENDISOLE?

SÌ: QUELLO A FIORI PICCOLI PER IL MATTINO, A FIORI GRANDI PER IL POMERIGGIO E A FIORI SU SETA PER IL CREPUSCOLO.

MAI: SCEGLIERE L'ABITO A FIORI GRANDI COLORATI PER LA SERA.

Nel guardaroba ho trovato…

IL SOPRABITO IN MAGLIA

Ideale per i primi freddi autunnali, il soprabito in maglia coniuga eleganza e semplicità, praticità e comfort. Perfetto per un pomeriggio di shopping in città, in previsione di entrare e uscire da negozi e camerini.

Si allaccia e si slaccia in un attimo, la comodità del soprabito in maglia non ha eguali e non avrete rivali in fatto di eleganza. E, se volete sentirvi un po' Carrie Bradshaw, vi basterà indossare un paio di occhiali a goccia per completare la mise!
Se optate per un look raffinato abbinate il soprabito con frange a un abito in jersey stampato e chiudetelo con una cintura in taffetà sul punto vita.

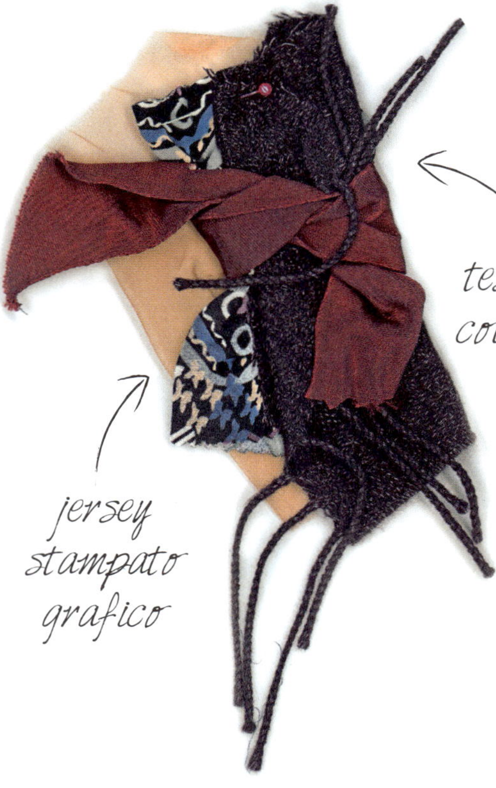

Accessori

Abbinate delle décolletés con tacco largo, pochette maxi o shopper colorata in materiale tecnico. Completano l'outfit un occhiale da sole a goccia e un collier dorato a cascata.

Per un look trendy più giovanile, invece, indossate jeans aderentissimi e puntate su accessori inusuali: tronchetti con tacco largo e comodo, una piccola tracolla e una shopper grande, di dimensioni a contrasto, in pelle o nylon. Una lunga catena-cintura sul fianco sopra la t-shirt darà il tocco finale.

Come indossarlo

Se avete una fisicità a clessidra, strizzate il soprabito sul punto vita con una fusciacca per evidenziare la vostra parte migliore.

Manutenzione

Piegate il vostro soprabito e riponetelo sullo scaffale della maglieria. Non appendetelo sulla gruccia, poiché la maglieria pesante è molto elastica e rischiereste di trovarlo allungato a dismisura anche dopo una sola notte.

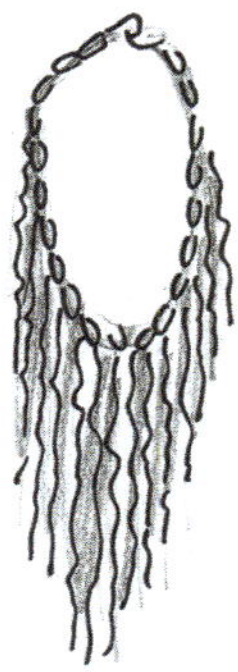

NEL GUARDAROBA HO TROVATO...

IL TRENCH

È il soprabito metropolitano per eccellenza, icona di tanti attori che hanno fatto la storia del cinema, sinonimo di gusti classici e raffinati. Indispensabile per muoversi a passo svelto in città.

Può cambiare in fatto di lunghezze, ma a fare la differenza sono i dettagli che lo personalizzano. Quello classico ha la linea dritta e pulita, ma può diventare sbarazzino e particolare se si ha un po' di cura nella scelta dei bottoni e della cintura.
Per un look metropolitano indossate il trench color kaki con un abito in jersey micro fantasia sui toni del kaki, bouganville e fucsia. Importante: accertatevi che sia di dimensioni giuste per la vostra taglia, evitando maniche troppo lunghe o lunghezze esagerate: nel caso fatevi aiutare dalla vostra sarta. Non indossatelo se è di volume eccessivo, apparireste subito mascoline e poco femminili.

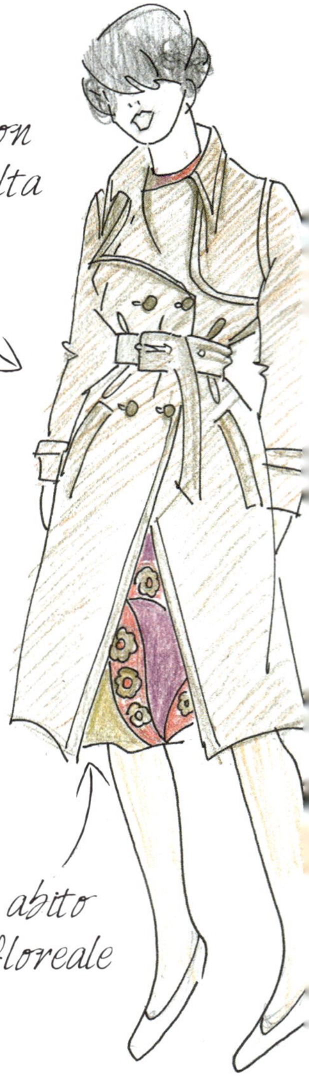

Come indossarlo

Il piccolo trench da pantalone è adatto per le tipologie di donne a clessidra e mignon. Strizzate bene la cintura sul punto vita e indossatelo con una gonna a tubino super sexy. Non passerete inosservate!
Lo spolverino rétro, dalla linea pulita senza il taglio a doppio petto, è realizzato in tessuti particolari, come il jacquard. Ideale per le fisicità a colonna e a viola, perché ha spalle importanti ma cade scivolato.

trench da pantalone

Accessori

Procuratevi una borsa shopping capiente e delle ballerine stile Pilgrim, con punta quadrata e tacco largo.

ballerine Pilgrim

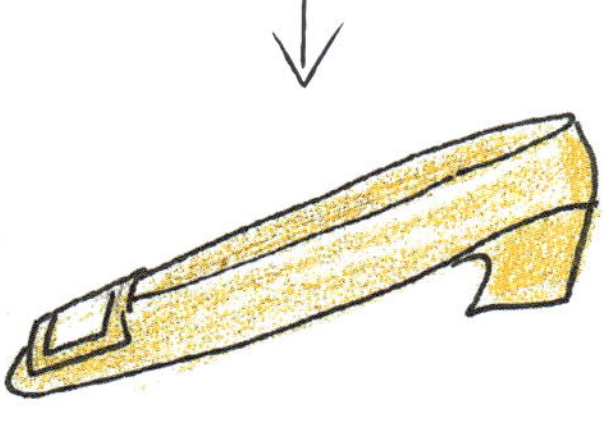

spolverino rétro

Nel guardaroba ho trovato...

L'ABITO INCROCIATO

La sua estrema semplicità e flessibilità lo rende l'abito più amato: adatto sia all'ambiente formale dell'ufficio, se indossato con accessori eleganti, che fuori, da signore che desiderano un look libero e comodo.

Grande alleato della donna formosa, il vestito incrociato fa risaltare il busto e il punto vita. Sceglietelo in fantasia grafica e abbinatelo a un giustacuore da annodare sotto il seno. La vostra silhouette risalterà in maniera femminile e un filo sexy.
Oltre a indossarlo come un semplice abito incrociato, il wrap dress è un capo molto duttile che può essere abbinato a dei leggings, oppure, se siete alte e il vostro abito arriva sopra al ginocchio, a pantaloni in viscosa fluida larghi sul fondo. In entrambi i casi, la zeppa è un must!

Accessori

Optate per zeppe alte colorate, borsa da spalla piccola e orecchini chandelier in pietre semipreziose che riprenderanno la tonalità dell'abito.

Firma il tuo stile:

Indossate un bracciale a charms: il tintinnio dei pendenti vi renderà uniche.

zeppa alta

Come indossarlo

L'abito incrociato è il più amato dalla taglia 44 in poi. Se avete un po' di seno e i fianchi generosi è davvero perfetto per voi: a parte l'indiscutibile comodità, rende squisitamente femminili!

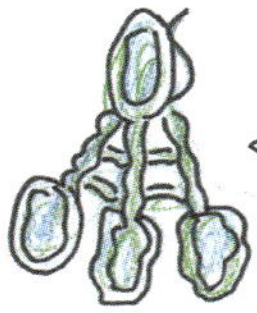

orecchini chandelier

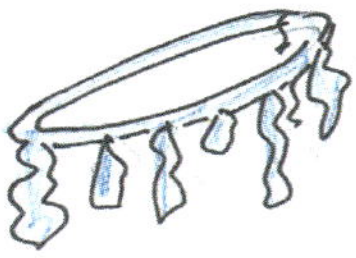

bracciale charms

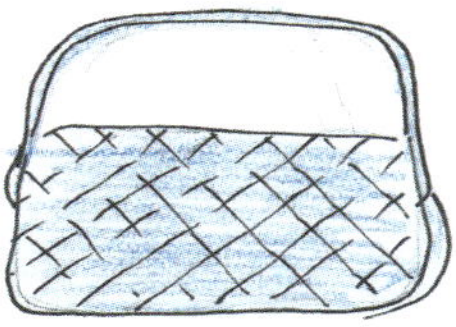

borsa da spalla piccola

Le regole generali del guardaroba perfetto

CON COSA INDOSSO L'ABITO INCROCIATO?

SÌ: CON LA SCARPA COL TACCO, CHE SIA UNA ZEPPA O UNO STILETTO.

MAI: CON LE BALLERINE.

Nel guardaroba ho trovato...

GLI HOT PANTS

È il capo che più si associa al look giovanile e sbarazzino, fresco e femminile. Tiratelo fuori, però, solo e rigorosamente per le occasioni di svago: aria, cielo e mare...

Il pantaloncino super corto e succinto richiama subito il clima rilassato delle giornate estive, l'aria aperta e le vacanze attive a bordo piscina o in riva al mare.
Per un look originale che esalti la vostra femminilità abbinatelo alla classica maglia a righe, stringendo il punto vita con una cintura doppia in nastri gros grain colorati.

Accessori

Abbinate le vostre scarpe stringate bicolori e una cascata di bijoux. Per nascondervi dal sole grandi occhiali bianchi e cappello a tesa larga.

Potete indossare gli stessi hot pants con il costume intero per un look insieme stiloso e pratico. Attenzione: per ogni costume c'è l'hot pant giusto! E per arrivare in spiaggia con aria seducente, indossate sopra una camicia maschile annodata in vita.

Come indossarlo

Se siete di fisicità watussa, scegliete il costume intero assimetrico e abbinatelo al pantaloncino in fantasia grafica. Se la vostra fisicità è minuta optate per il costume intero olimpionico e gli hot pants a righe. Se siete a clessidra, abbinate il costume a fantasia tropicale al pantaloncino militare con tasche.

Ordine

Nel guardaroba, suddividete i vostri costumi per tipologia, interi e bikini, in sacchettini di tulle e riponeteli in appositi contenitori dentro ai cassetti. Saranno protetti e riuscirete subito a individuare tipologia e colore.

Nel guardaroba ho trovato...

I BIKINI

Il sopra a fascia, a balconcino o a triangolo? Il sotto a culotte, brasiliano o sgambato? Ogni fisico ha il suo bikini. L'importante è minimizzare i difetti, accentuare i punti di forza e scegliere il look più adatto per entrare in sintonia con il luogo delle vacanze.

Per la vacanza in luoghi esotici sceglietе il bikini fantasia in tonalità calde, in tricot stile hippy. Abbinateci un lungo caftano in stampa ikat. Se si prospetta una vacanza in una tipica stazione turistica, optate per il due pezzi rétro con reggiseno a ferretto, annodato dietro al collo nei colori dell'azzurro, rosso e bianco. E come copricostume l'abito prendisole. Per la villeggiatura in una frenetica città di mare, invece, è perfetto il bikini a triangolo nei toni dell'azzurro denim e verde bottiglia con decorazioni e pietre. Sopra, il poncho caftano a farfalla.

Accessori

Cappello a tese larghe, grande borsa in vimini e infradito, entrambi decorati con fiori di tessuto e pietre dure.

Come indossarlo

Se siete leggermente burrose, nella scelta dello slip non prendetelo né troppo stretto né troppo largo: evitate un modello striminzito ma anche quello ascellare. Assolutamente no invece ai perizoma e ai laccetti inconsistenti sui fianchi; optate per il modello brasiliano e assicuratevi che i lacci sui fianchi siano alti almeno 3 cm e che non siano troppo aderenti per evitare le fuoriuscite di rotolini.

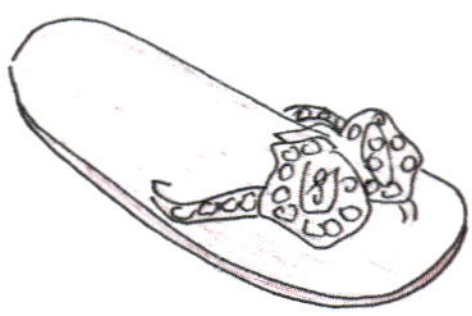

Fai da te

Se non possedete un caftano, potete realizzarlo da voi. Prendete una stola grande (circa 150 x 150 cm), stendetela sul tavolo e al centro ritagliate un rombo di 20 cm circa di lato: con questo semplice taglio avrete creato il buco dove infilare la testa, e il gioco è fatto! Potrete realizzare dei poncho caftano originalissimi con qualsiasi quadrato in tessuto.

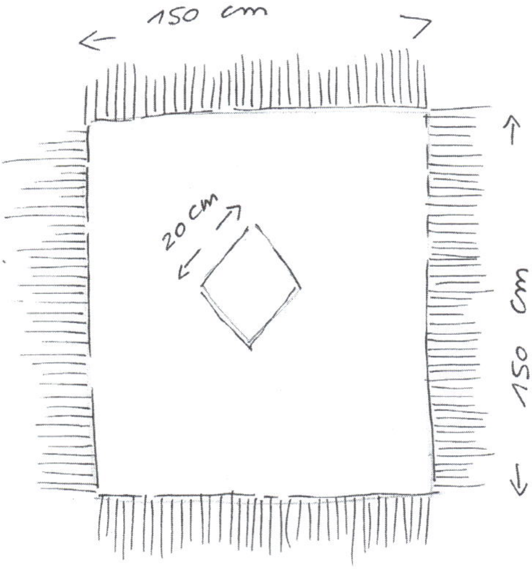

garza in seta cotone
stampa ikat

Firma il tuo stile:

Indossate sul punto vita una cintura ipersottile a più giri in pietruzze colorate.

Nel guardaroba ho trovato...

L'ABITO IN JERSEY A T-SHIRT

Quante t-shirt vecchie e oversize avete nell'a-madio che non indossate più per via del modello? È tempo di rispolverarle e di sbizzarrirvi con gli abbinamenti. Anche perché, se andate via per il week-end, l'abito a t-shirt vi risolve in maniera brillante due outfit in un colpo solo.

Partite dal presupposto che quando preparate la valigia i pezzi più importanti sono gli accessori perché possono trasformare completamente un capo. Il mio consiglio è di scegliere l'abito che abbia almeno due soluzioni di abbinamento, uno per il giorno e uno per la sera. Meglio ancora se è a tinta unita e di forma dritta come una maglietta lunga.
Soluzione giorno: abbinate al vostro abito dei leggings alla caviglia e stringetelo in vita con una cintura sottile. Per la sera indossatelo senza cintura e raccogliete la spalla facendovi passare sotto un nastro coloratissimo.

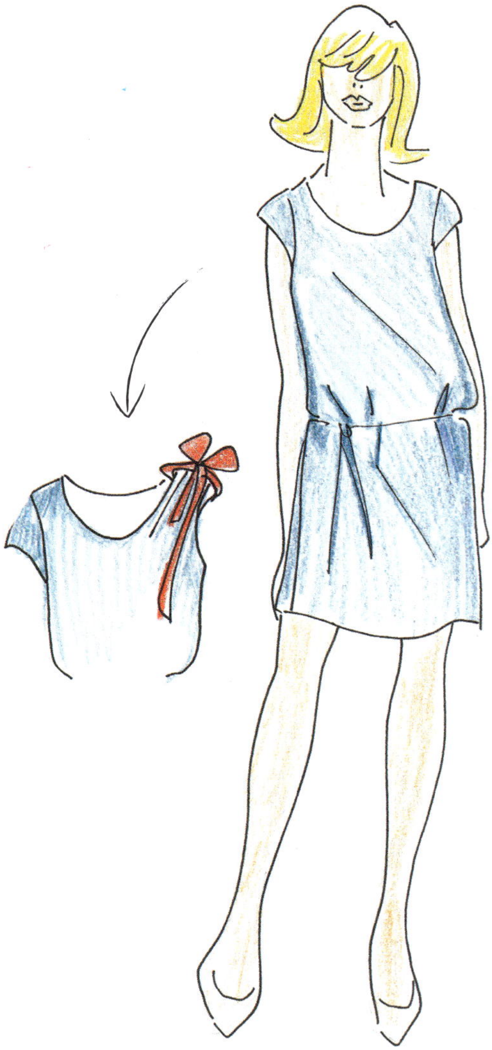

Fai da te

Annodate un nastro colorato solo su una spalla: otterrete un effetto originalissimo.

Ordine

Per riempire la valigia nel modo più efficiente possibile, arrotolate l'abito in jersey e le eventuali t-shirt anziché piegarli. In questo modo occuperanno meno spazio e rimarranno più stirati.

Accessori

Per il giorno: borsa anni '70, ballerine o zeppe in tela e corda, bijoux con pietre a giorno, occhiali da sole in metallo e cappello fedora.
Per la sera: pochette in tessuto e bijoux dorati, una stola fucsia di marabù e rossetto rosso lacca.

pochette morbida rétro

orecchini pendenti in oro

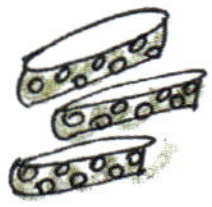
bracciali rigidi con luci dorate

borsa shopper stile anni '70

sandalo gioiello

orecchini pendenti e collier in pietre dure
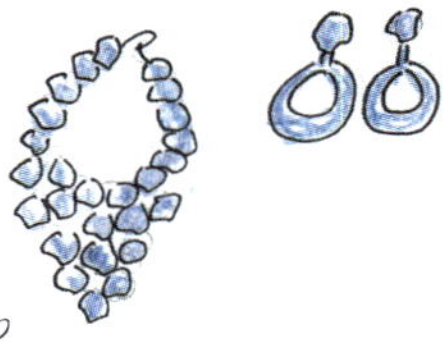

make-up d'effetto

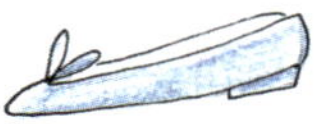
ballerine in pelle

anello da cocktail

zeppa in tela e corda
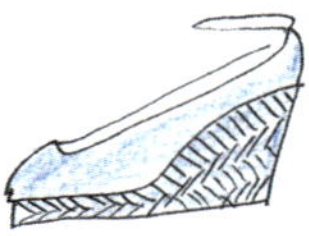

stola in marabù

occhiali da sole in metallo

cappello fedora
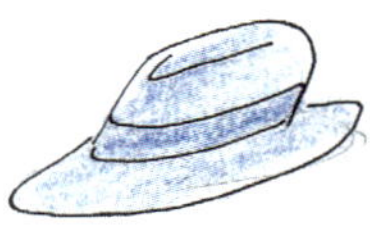

NEL GUARDAROBA HO TROVATO...

IL GILET DA UOMO

Fa subito Diane Keaton, la musa di Woody Allen che in *Io e Annie* vestiva il gilet nero sulla camicia bianca e la cravatta a pois. E il suo stile androgino espresso in chiave femminile rimanda invariabilmente alle lunghe passeggiate con gli amici per i parchi autunnali della città.

Gilet non significa necessariamente vestirsi da maschi, anzi. Sofisticato e intellettuale, con l'abbinamento giusto vi dà quell'aria irresistibilmente rétro e fuori dal tempo, perfetta per i fine settimana autunnali da trascorrere in città. Ecco qualche suggerimento. Scegliete il jeans di linea morbida e la maglietta stampata; in alternativa al gilet, se le temperature sono più fredde, indossate il blouson, anche questo un capo piuttosto maschile.

Accessori

Cintura metallica sui fianchi e ballerina nera in nappa. Cappello in tela militare combact con visiera.

Colori

Il kaki e il cammello sono due colori molto autunnali. Perfetti per il parco.

Oppure, potete infilare il pantalone color kaki, la t-shirt bianca e sopra il gilet e ai piedi le scarpe stringate bicolore. La borsa più indicata è quella in cuoio con cuciture sellaio. E, se il sole è forte, occhiali dalla montatura grande color tartaruga.

Come indossarlo

Esistono due modi per indossare il gilet con la cravatta. Il primo è il modo classico androgino, ovvero gilet non abbottonato, camicia chiusa e cravatta che spunta sotto al colletto. Il secondo modo è super sexy: indossate il gilet abbinato alla camicia aperta sino al terzo bottone e fermate la cravatta al collo sulla pelle nuda, come fosse un collier.

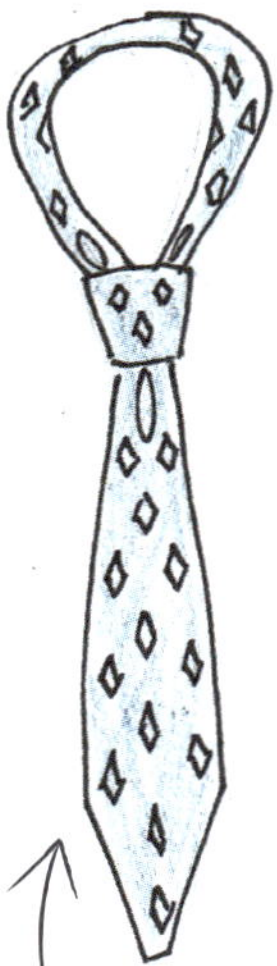

scarpe bicolore

cravatta a pois

Firma il tuo stile:

Addolcite il vostro look con un cappello fedora in rattan color miele.

drap verde

jersey grigio

denim

cappello fedora

IL MIO GUARDAROBA

- ☐ Trench

  ....

  ....

  ....
- ☐ Pantalone sportivo

  ....

  ....

  ....
- ☐ Salopette

  ....

  ....

  ....
- ☐ Abito incrociato

  ....

  ....

  ....
- ☐ Abito chemisier

  ....

  ....

  ....
- ☐ Soprabito in maglia

  ....

  ....

  ....
- ☐ Hot pants

  ....

  ....

  ....

☐ T-shirt sportiva

☐ Blusa romantica

☐ Cardigan in maglia

☐ Tuta sportiva

☐ Bikini

☐ Abito prendisole

☐ Gilet da uomo

☐ Abito in jersey a T-shirt

IL GUARDAROBA PERFETTO
Social

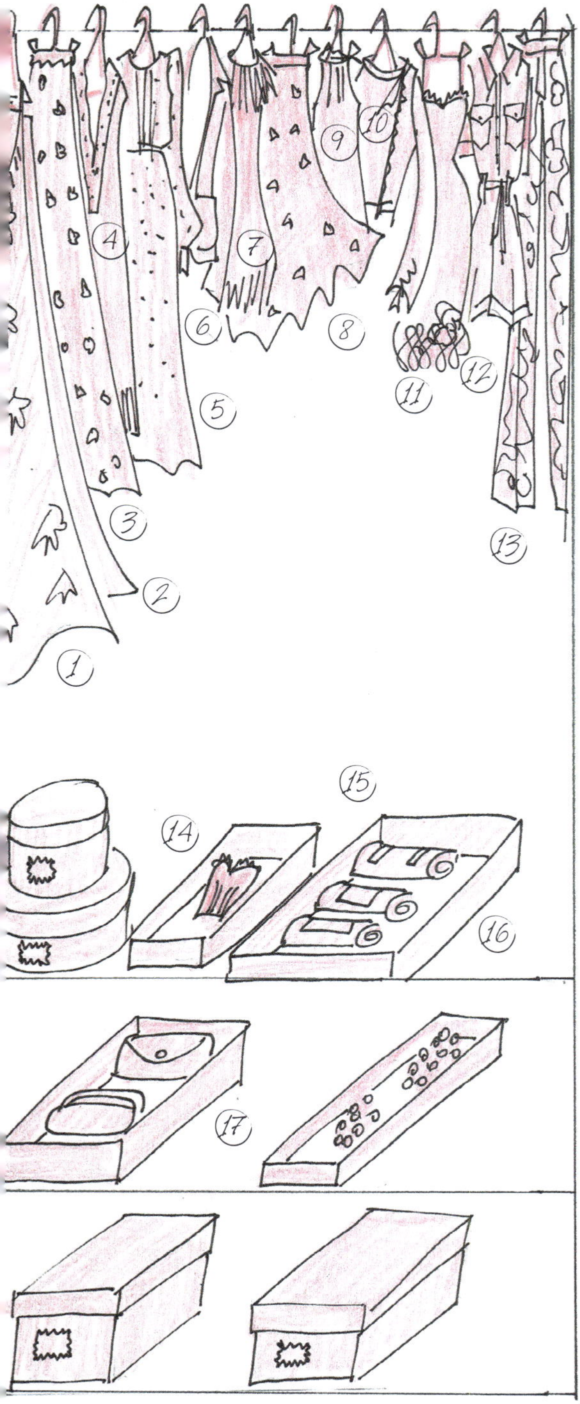

Gli indispensabili

1 Abito lungo

2 Stola

3 Gonna lunga

4 Abito in paillettes

5 Abito vintage

6 Giacca in maglia

7 Abito da cocktail

8 Gonna a ruota

9 Top in seta

10 Blouson in pelle

11 Abito rosso

12 Tuta a pantalone corta

13 Pantalone stampato

14 Intimo sexy

15 Canottiera

16 Magliocino nero collo alto

17 Clutch

NEL GUARDAROBA HO TROVATO...

LA GONNA LUNGA

Chic e sofisticata, la gonna lunga non porta mai i segni del tempo, anzi, rimanda a uno stile romantico e country che ben si accorda con una serata mondana all'insegna della musica colta e raffinata.

Esistono due tipi di gonne lunghe: la midi di lunghezza a fine polpaccio e quella che sfiora il piede, la vera gonna lunga. Protagonista indiscussa dei week-end al mare, ha in realtà un uso molto più versatile e può essere indossata anche in autunno e in inverno, purché sia in crépon di seta a fantasia con sfondo scuro. È il capo perfetto per le atmosfere colte e glamour tipiche dei festival di musica estivi perché rimanda subito allo stile bohémien ottocentesco. Tenete conto che potreste stare tutto il giorno all'aperto, dalla tarda mattinata fino a sera con climi e temperature diversi, tra concerti e performance. Il consiglio è di vestirsi a strati e abbinare alla gonna piccoli top e gilet.

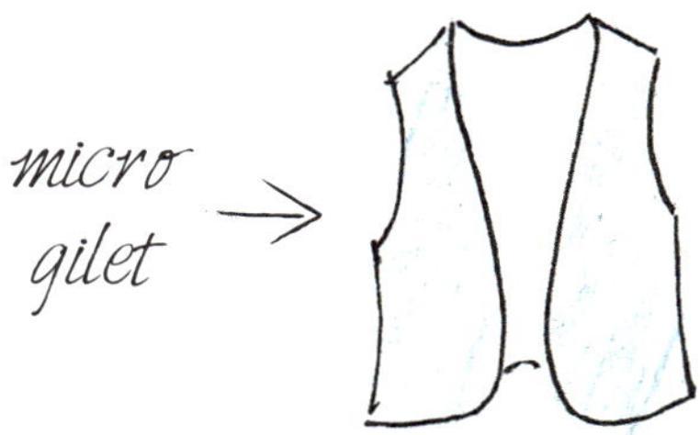

Accessori

La gonna lunga permette di indossare un grande cappello di rafia e occhiali da diva.

Come indossarlo

La gonna lunga è adatta alle fisicità snelle e a colonna.
Se siete a clessidra accertatevi che la gonna abbia la forma a sirena: vi valorizzerà.
Se siete minute, scegliete la gonna lunghissima che arrivi a terra e indossate zeppe alte che aiuteranno a slanciarvi.

Fai da te

Se la gonna non è abbastanza lunga, giocate con la fantasia e aggiungete una balza sul fondo.

top senza spalline

Se trascorrete il week-end nella località dove si svolge il festival, in valigia dovrete aggiungere altri pezzi chiave: i top senza spalline e quelli romantici, un caftano, un maxi gilet e un bolero, degli shorts e un pantalone palazzo.

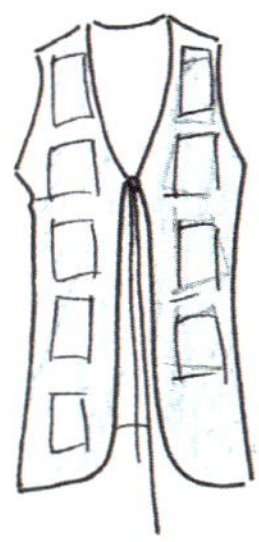

maxi gilet

caftano

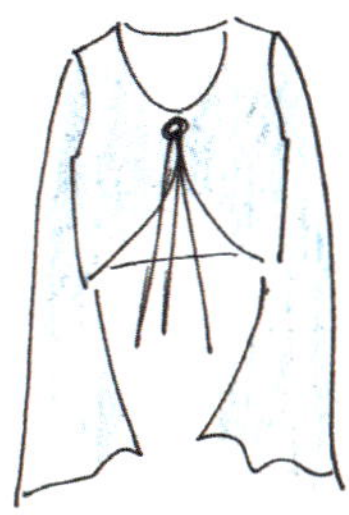

bolero leggero

shorts

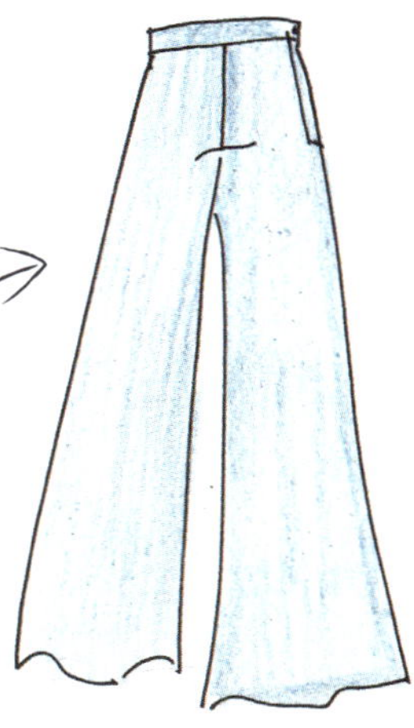

pantalone palazzo

rafia colorata

viscosa stampa floreale

NEL GUARDAROBA HO TROVATO...

LA CLUTCH

Esibita come un piccolo scrigno, minuto e delizioso, è il must per le feste particolarmente eleganti e le occasioni glamour come le sfilate di moda, quando ciò che conta sono soprattutto i dettagli.

Non è certo da utilizzare quotidianamente ma da sfoggiare alla pari di un gioiello prezioso nelle occasioni particolari come le cene di gala e gli eventi mondani. Durante le settimane della moda, poi, il gotha del fashion ne esibisce delle più svariate tipologie ed è proprio durante questi eventi che si è scrutate fin nei minimi particolari. È vero, quello della sfilata è uno dei momenti più complicati in fatto di mise. In generale, per avere un look di tendenza originale, sovrapponete i capi, scegliete colori scuri oppure molto chiari, e optate per una miscellanea di stili: il maschile con il femminile, lo sport con l'eccentrico e il giorno con la sera. Per esempio indossate un abito a tunica in chiffon trasparente fermato sui fianchi da una cintura a cerchi anni '70 in metallo ossidato. Completeranno il look collant neri in pizzo decorato e zeppe alte 15 cm.
Infine abbinate la clutch: questo piccolo dettaglio vi aiuterà a trasformare il più semplice dei look in una mise di sicuro effetto.

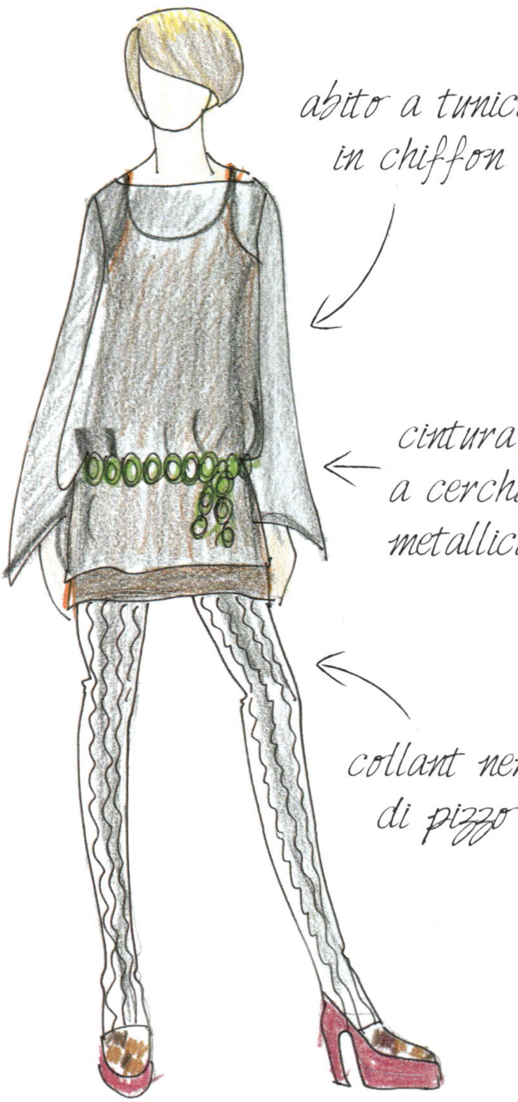

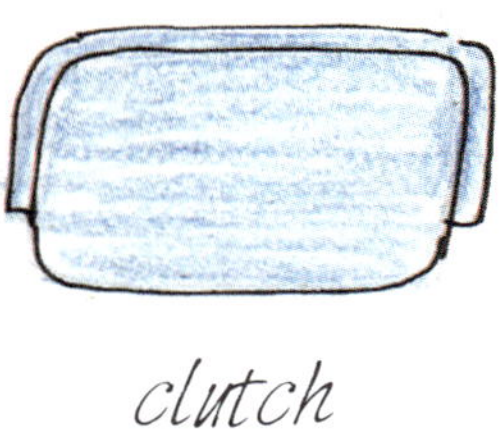

Accessori

I dettagli vi distinguono. A parte la mitica clutch, sceglierete scarpe eccentriche, come tronchetti animalier, anche colorati, e bijoux artigianali.

Firma il tuo stile:

Se vi sentite particolarmente sicure di voi stesse e volete esibire una mise unica, indossate un cappellino stravagante.

chiffon

raso colorato

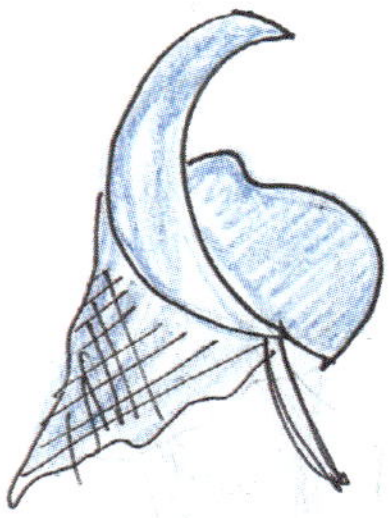

cappellini originali

tronchetti

Le regole generali del guardaroba perfetto

CON COSA INDOSSO LA CLUTCH?

SÌ: CON OUTFIT DI TENDENZA O ELEGANTI.

MAI: CON MISE SPORTIVE O TROPPO BASICHE.

NEL GUARDAROBA HO TROVATO...

L'ABITO DA COCKTAIL

Il cocktail dress, lucente, ricamato e soprattutto ricercatissimo, è tornato di gran moda. Unico imperativo: indossarlo non prima delle diciotto, per l'ora del cocktail appunto.

Ha la linea dritta o appena sagomata, la lunghezza al ginocchio, ma soprattutto tessuti preziosi, ricami a pizzi, crystal e paillettes. È l'abito da mezza sera, quello da indossare quando staccate dal lavoro, dalle diciotto alle venti. Vietato però presentarvi reduci dalla giornata in ufficio, anzi, dovrete essere ben pettinate, rinfrescate, truccate e profumate: in poche parole, pronte a divertirvi! Che si tratti di una festa di compleanno, un party aziendale o un rendez-vous in un locale tra amiche, ecco alcuni suggerimenti per mostrarvi al top. Per non cadere in errori di dress code e scegliere la mise più appropriata, preparate la vostra "W list":

Where/dove: dove si terrà il cocktail?
Who/chi: chi sarà presente?
What/cosa: che cosa si celebra?
When/quando: in che periodo dell'anno si svolge? A che ora?

Accessori

Per un cocktail birthday party scegliete l'accessorio sfavillante, farà la differenza: la tracolla preziosa, i sandali gioiello e i bijoux splendenti si noteranno da lontano.

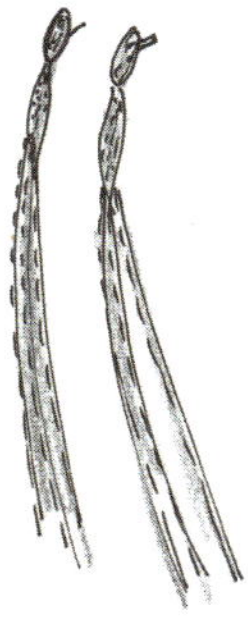

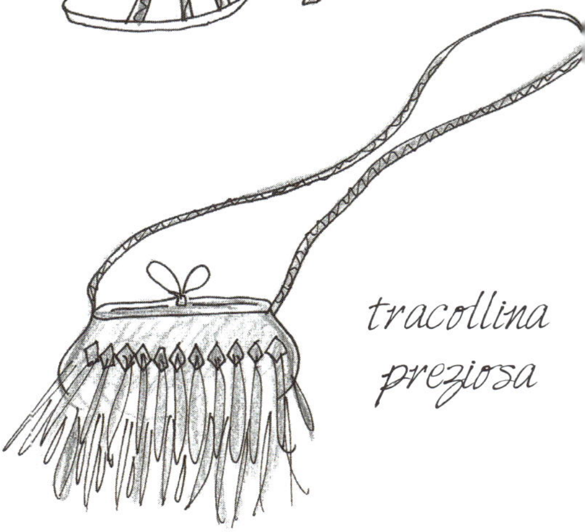

Cocktail birthday party

Per questa serata scegliete tra i vostri abiti quello con lo stile più originale e decorato. Preferitelo con una forma che vi valorizzi e che vi faccia sentire a vostro agio: la serata sarà divertente e l'abito non dovrà certo costringervi nei movimenti e neppure mortificarvi.

Corporate cocktail

Per l'evento mondano aziendale selezionate tra i vostri vestiti quello più sobrio. Preferite abiti di linea morbida e non eccessivamente aderenti. Evitate quelli trasparenti e con pizzi troppo osé e sexy. Puntate piuttosto sul trucco, in particolare le labbra saranno il vostro tratto distintivo.

Accessori

Al corporate cocktail abbinate accessori neri o in argento senza eccessi.

Trendy cocktail

Se il cocktail è con le vostre amiche buttatevi sul trendy: indossate l'abito come fosse un minidress fermato con una cintura bassa, abbinato a leggings neri fantasia e tronchetti con borchie.

Accessori

Per il cocktail trendy indossate il cocktail ring, ovvero l'anello luccicante "che si nota".

Manutenzione

Gli abiti con paillettes sono molto delicati: se l'etichetta recita la frase "lavare a secco" rivolgetevi a una tintoria. In caso contrario, quando li lavate in casa mettete una goccia di detergente delicato sulle paillettes macchiate e sfregate con uno spazzolino. Poi lavate a mano in acqua fredda.

Colori

Se l'abito è nero con ricami in argento oppure oro, abbinate sempre accessori dello stesso colore, se invece l'abito è completamente nero abbinate accessori in contrasto nei colori più seducenti, come il fucsia e il rosso lacca.

Come indossarlo

Se la vostra fisicità è burrosa prediligete abiti con scolli generosi e tessuti leggeri che non aderiscono al corpo ma scivolano accarezzando il punto vita e i fianchi. Se avete una linea snella e slanciata, invece, optate per abiti sagomati sul punto vita in tessuti stretch.

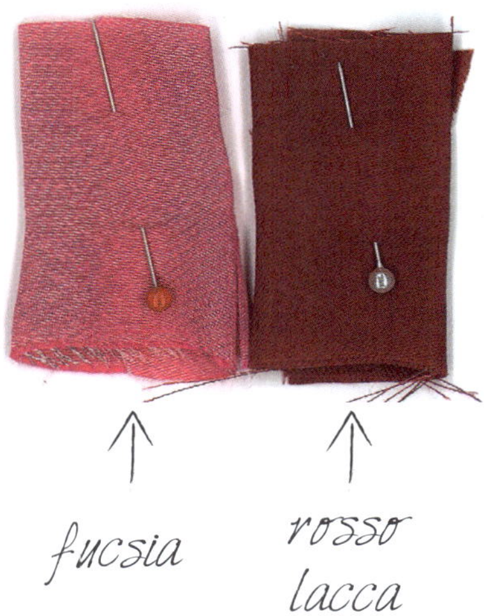

Le regole generali del guardaroba perfetto

CON COSA INDOSSO L'ABITO DA COCKTAIL?

SÌ: CON LE SCARPE CON IL TACCO A STILETTO.

MAI: CON I BIJOUX DA GIORNO CON PIETRE SEMIPREZIOSE.

NEL GUARDAROBA HO TROVATO...

L'ABITO VINTAGE

Nulla come un abito vintage vi farà sentire speciali, inimitabili e soprattutto uniche, che si tratti di un evento charity o una serata elegante. L'importante è riuscire a farlo vostro, unendo e accostando con sapienza stili e forme diversi.

I capi vintage sono perfetti per gli eventi benefici, le fiere del vintage e le occasioni fashion in cui volete fare un figurone. Ma per ottenere un'immagine fresca e moderna (e non sembrare abbigliate come vostra nonna), dovrete tenere conto di vestibilità e accessori. Valutare se l'abito vintage che avete trovato nel guardaroba fa per voi non è semplice. Le fisicità delle donne sono cambiate nel corso dei decenni e, anche se il vestito ha le vostre misure, le forme probabilmente non cadranno a pennello.
Il segreto è osservare la vostra fisicità e poi decidere il periodo storico che più si addice al vostro stile e alla vostra linea.

Per modernizzarlo dovrete innanzitutto apportare delle piccole modifiche sartoriali e poi scegliere accessori contemporanei in contrasto con lo stile dell'abito: renderà l'outfit più trendy.

Accessori

Le scarpe che appartengono
ai vari periodi storici sono:
Mary Jane: anni '20-'30.
Décolletés stile Chanel:
anni '40-'50.
Ballerine Pilgrim: anni '60.
Zeppe: anni '70.
Tronchetti: anni '90.

Come indossarlo

Se siete di fisicità a clessidra
i vostri abiti sono quelli creati tra
gli anni '40 e gli anni '50.
Per le fisicità mignon, optate per
i decenni '20 e '30.
Le donne a colonna e quelle con
fisico snello possono scegliere
abiti del periodo '60 e '70.
Per le fisicità a viola, infine, il
periodo più adeguato sono
gli anni '80 e '90.

NEL GUARDAROBA HO TROVATO...

LA GIACCA IN MAGLIA

Comoda e sportiva come un maglione, ma con quell'aria appena un po' più formale da giacca. È il blazer in maglia, utile e pratico da indossare in viaggio, quando si è in giro per musei e gallerie.

Questa giacca è talmente facile da indossare che con due o tre accorgimenti potrete ottenere degli outfit sempre originali. Inoltre è comoda da portare in valigia, non si stropiccia e potrete dare prova della vostra personalità in modo creativo: accostatela per esempio a un abito stampato, calze a rete e tronchetti con tacco largo e comodo. Chiudetela con un solo bottone, in modo da sottolineare il punto vita e valorizzare la vostra femminilità. In alternativa, abbinate la giacca in maglia al pantalone di linea arrotondata sui fianchi, tronchetti con tacco e borsa shopper.

Come indossarlo

Se avete il fisico a clessidra, scegliete la giacca in maglia corta e aderente. Se siete minute, indossatela con gonna e blusa: immediatamente vi conferirà un look di tendenza.

Accessori

Borsa tracolla di taglio quadrato, bijoux di resina grandi, scarpe tronchetto dal tacco largo e comodo e collant a rete.

Firma il tuo stile:

Osate con i colori e annodate alla tracolla un foulard, sarà utile e contraddistinguerà il vostro stile.

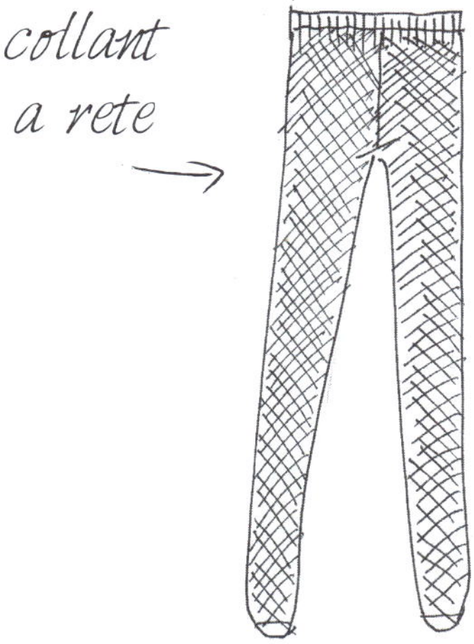

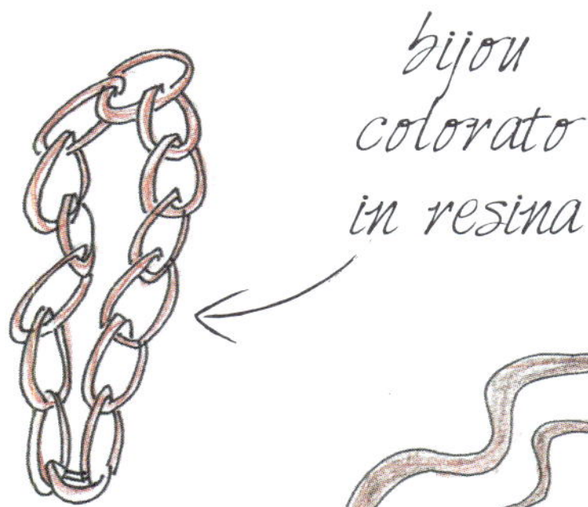

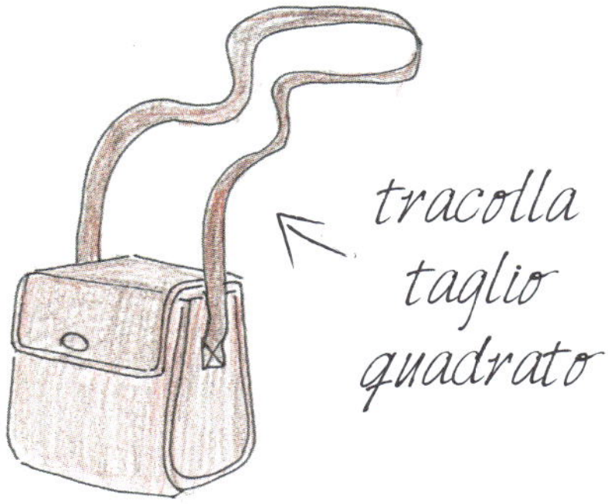

Le regole generali del guardaroba perfetto

CON COSA INDOSSO LA GIACCA IN MAGLIA?

SÌ: CON CAPI LEGGERI SOTTO.

MAI: CON TESSUTI PESANTI PER GONNE E PANTALONI.

NEL GUARDAROBA HO TROVATO...

L'ABITO LUNGO

Con un invito con dress code "black tie" non si può sbagliare: è richiesto l'abito lungo elegante delle serate di gala. Nel caso si tratti di un matrimonio di sera in una villa al mare o di un evento pomeridiano, il lungo resta ma le regole cambiano. Ecco come.

Matrimoni, party, cene di gala, première... se con il black tie il nostro accompagnatore se la caverà con lo smoking, noi invece dovremo studiare con cura quale abito scegliere. Il primo requisito è che sia lungo, il secondo che sia elegante, il resto dipende dalla serata che ci aspetta.

Da gran sera

È realizzato in materiali ricchi e opulenti come il velluto, il dévoré, l'organza e il taffetà. Il suo focus è il punto vita, perciò il modello più seducente è senz'altro quello a sirena, con corpino a bustier e gonna che si allarga al fondo, arricchito da rouches e volants. Non indossate nulla di stampato e puntate sulla tinta unita, la scelta più sofisticata in assoluto.

Serate estive

È l'abito da sera estivo per eccellenza, solitamente realizzato in tessuti freschi e leggeri quali il jersey, la viscosa, il lino e il cotone. In genere, la stoffa ha disegni grandi, molto colorati con sfumature pittoriche; le fantasie più diffuse sono i motivi floreali a fondo scuro, i tropicali e i disegni acquatici. Quest'abito non è costruito, non ha sostegni interni o reggiseni incorporati, è di linea sbieca ed è appena sagomato sul punto vita. Le spalline sono leggere, ed è caratterizzato da spacchi profondi e arricciature.

viscosa fluida
con stampa floreale
fondo scuro

Fashion

L'abito lungo fashion potrebbe essere l'alternativa a quello da gran sera se l'occasione d'uso si svolge nel pomeriggio e la location non è un hotel di gran lusso. L'abito di grande tendenza è quello con maniche lunghe a sbuffo, scollo tondo e nervature sulla pettorina. La parte sotto può avere una leggera arricciatura oppure essere a pieghe. In genere la vita è delineata da una microcintura. Il taglio ricorda vagamente gli abiti lunghi dei primi del '900. I materiali con cui è realizzato sono leggeri come lo chiffon, il creponne, il cady e può essere in tinta unita in color nudo, beige, rosa, blu avio e nero. Oppure a fantasia, ma con piccoli disegni, pois o floreali, in genere bicolori e tutti minuscoli.

Fai da te

Se vi trovate a dover acquistare un abito importante e non volete spendere una fortuna, potete rivolgervi al vintage.
L'abito sarà unico e anche se non perfetto di taglia e vestibilità potete rimetterlo a misura con l'aiuto di una sarta.
Prima di acquistarlo controllate che sia ben conservato e non abbia lacerazioni o macchie.

Come indossarlo

Se avete il fisico a colonna scegliete la linea dell'abito scivolato con le spalline.
Se siete alte e snelle optate per l'abito di tendenza.
Se il vostro corpo è a clessidra, l'abito giusto è quello a corsetto.

Accessori

Sandali o décolletés alti, collier in parure, guanti in raso e clutch luccicante.

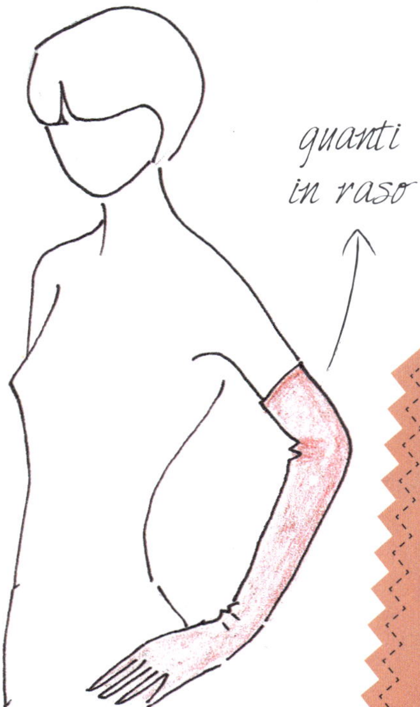

Le regole generali del guardaroba perfetto

CON COSA INDOSSO L'ABITO LUNGO?

SÌ: CON SCARPE BASSE O ZEPPE MEDIE SE L'ABITO È DESTRUTTURATO E NON DA GRAN SERA. L'IMPORTANTE È CHE SIA LUNGHISSIMO.

MAI: LASCIARE INTRAVEDERE, SE L'ABITO È DA GRAN SERA, LA SCARPA SOTTO CHE DOVRÀ AVERE UN TACCO ALMENO DI 12 CM.

Nel guardaroba ho trovato...

LA STOLA

È un aiuto formidabile: per impreziosire una mise un po' smorta, per cingervi le spalle se il vestito è scollato e soprattutto per darvi un tono in più in occasioni formali come matrimoni e cerimonie religiose. A patto di seguire alcune regole base.

Saper scegliere la stola giusta significa seguire le regole base che definiscono tutto l'outfit, ovvero l'orario in cui si tiene la funzione, la location e il vostro ruolo come invitata.

Matrimonio al mattino

Se la cerimonia si svolge dalle undici del mattino alle cinque del pomeriggio il look dovrà contemplare colori tenui e solari come la fascia oraria.

Privilegiate le tinte unite ma, se volete indossare capi stampati, accertatevi che la fantasia non abbia più del quaranta per cento del fondo bianco. Sono da escludere infatti tutti i toni vicini al bianco, come il vaniglia o il crema, per non usurpare la figura della sposa che sarà in abito bianco. Scegliete materiali come il taffetà, il jersey, lo shantung, il cady e la duchesse ed evitate, anche per la stola, i tessuti sportivi come il lino e il cotone a trama larga, che tenderebbero a stropicciarsi.

Questi accorgimenti valgono anche per altre occasioni simili, come per esempio i battesimi e le cresime.

All'abito che sceglierete potete abbinare lo spencer, il giacchino che arriva sotto il petto, nello stesso tessuto dell'abito.

Colori

I toni adeguati per il matrimonio diurno sono il giallo limone, il rosa petalo, l'azzurro di Faenza, il verde acquamarina, il giallo zafferano, il rosa shocking, il blu reale e il verde giada.

Accessori

Abbinate bijoux con pietre dure, cappelli piccoli e colorati e indossate occhiali da sole che abbiano una montatura in stile con l'abito scelto. Spesso si vedono ai matrimoni mise perfette ma rovinate da montature troppo sportive.

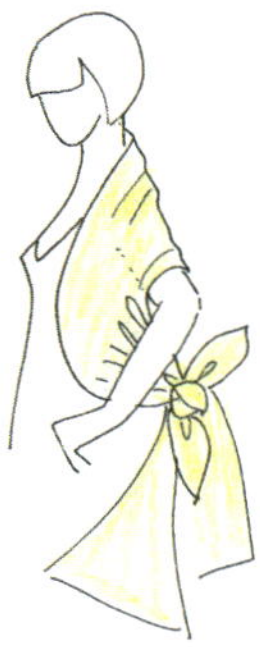

Come indossarlo

La stola è indicata per il matrimonio al mattino e può essere indossata in quattro modi diversi: appoggiata sulle spalle e lasciata scivolare lungo i fianchi, su un'unica spalla, annodata dietro o avvolta sul davanti. La pashmina invece deve avvolgere il corpo come un peplo.

Matrimonio al pomeriggio

Se il matrimonio è un wedding cocktail, dalle cinque del pomeriggio in poi, il dress code sarà festivo e le tonalità degli outfit crepuscolari. Questo vale sia per la stola che per il tipo di abito. Sceglietene uno simile a quello che indossereste per un cocktail ma con linee femminili e tessuti eleganti. Evitate l'abito lungo se non è specificato nel dress code o è richiesto esplicitamente dagli sposi.

Accessori

Devono essere spettacolari.
Scarpe con piume e pietre,
bijoux di dimensioni oversize e
borse clutch luccicanti.

Colori

I colori suggeriti sono: il grigio acciaio e l'ardesia, il verde eucalipto, il blu oltremare e l'indigo, il rosso granata, il viola porpora, il rosso terra di Siena e il marrone glacé.

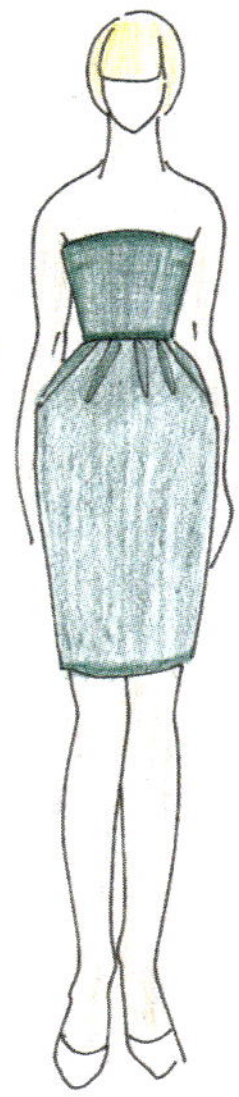

abito a tulipano

abito a stelo

abito a calla

abito a corolla

Funerale

Anche per i funerali esiste un dress code specifico. In questo caso la stola sarà di pizzo nero e indossata sul capo durante la funzione. La tonalità consigliata è il tutto nero per un look sobrio e semplice. Gli abiti a linea morbida dovranno essere realizzati in tessuti consistenti, essere accollati e con mezze maniche; la lunghezza dovrà arrivare a filo ginocchio. Da evitare tutti i tessuti stampati anche se scuri.

Ordine

L'unico metodo per trovare subito nel guardaroba sciarpe e pashmine è riporle in contenitori, suddivise per tipologie, occasioni d'uso e colori. Si possono sistemare in contenitori da cassetto o da ripiano, oppure in organizzatori appesi.

Accessori

Occhiali grandi scuri, décolletés nere con tacco max 5 cm, borsa piccola a mano e guanti in pizzo neri.

Fai da te

Ripiegate in due la vostra stola nel senso della lunghezza. Cucite i due lembi alle rispettive estremità per circa 45 cm a lato lasciandoli staccati al centro. Avrete così ottenuto una stola coprispalle con maniche e passaggio per le spalle.

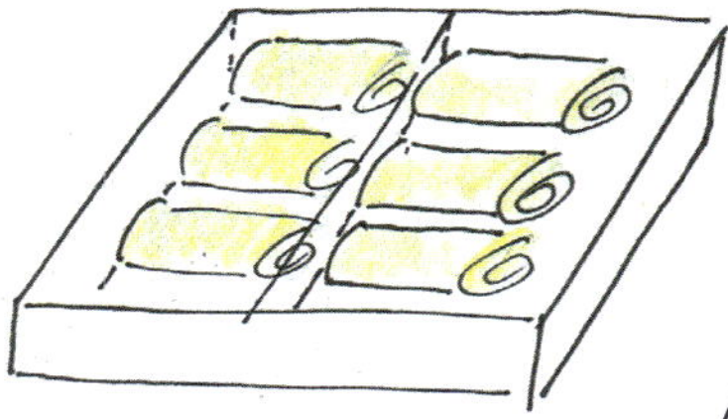

stole organizzate in divisori

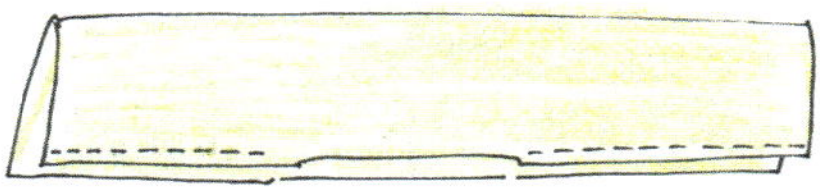

stola coprispalla

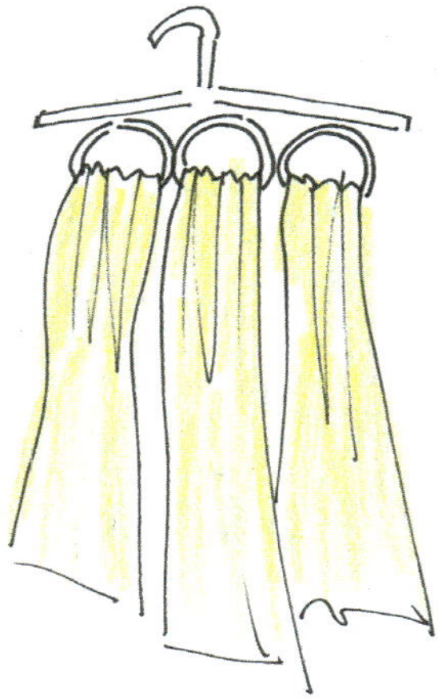

stole ordinate appese

NEL GUARDAROBA HO TROVATO...

L'INTIMO SEXY

Se siete dinamiche e con poco tempo a disposizione saltate questo capitolo, non fa per voi. Se invece adorate la femminilità, aprite il vostro cassetto, tirate fuori pizzi, nastri e merletti e date inizio alle danze!

Al primo appuntamento

Ci vuole l'intimo che valorizza le forme e vi faccia apparire proporzionate e femminili, quello modellante è perfetto.
Sopra, infilate un abito semiaderente in raso stretch e jersey e sotto il reggiseno e i ciclisti color carne modellanti che, attraverso la pressione del tessuto sul punto vita e sul ventre, rendono la figura armonica e femminile. Attenzione alle scarpe: determinano portamento e sensualità, perciò via libera a sandali con laccetti e décolletés scollate, rigorosamente con il tacco ma senza platform o zeppa. Gli uomini non li amano.

Colori

I colori più sexy sono:
il nero, il rosso
e il nudo intenso.

I toni più sofisticati sono:
il grigio perla, il militare, il rosa cipria e il vaniglia.

Al secondo appuntamento

Avete fatto colpo, perciò cominciate a pensare a un intimo decorativo. I modelli da scegliere sono svariati, ma con il reggiseno alla francese con pizzo e spalline ricamate e lo slip morbido con decorazioni che richiamano il top non sbaglierete. Indossate sopra una blusa in seta e pizzo e slacciate i primi bottoni in modo da lasciare intravedere il pizzo. Alla blusa abbinate una longuette scivolata.

Al terzo appuntamento

È ora di pensare alla mise da notte, perché l'avrete sicuramente catturato!

Manutenzione

L'intimo in pizzo è molto delicato. Dopo averlo lavato a mano, eliminate l'acqua in eccesso utilizzando un telo di spugna e fate asciugare i pezzi distesi. Non applicate le mollette sulle spalline della biancheria perché si rovineranno.
Anche i reggiseni preformati devono essere lavati a mano e mai in lavatrice: se l'imbottitura si modifica durante un lavaggio aggressivo, il reggiseno è rovinato.

Come indossarlo

Se il vostro seno è importante, dalla 4° taglia in su, scegliete reggiseni con ferretto e spalline larghe. Se è minuto, per esempio la taglia 1°, evitate di indossare i push up con pesciolino: vi farebbero sentire finte. Preferite i reggiseni con coppe morbide e anatomicamente modellanti.

Nel guardaroba ho trovato...

L'ABITO IN PAILLETTES

Pista, luci stroboscopiche e musica: la notte è vostra.
Tirate fuori dall'armadio l'abito in paillettes e scatenatevi!

A ogni pailletes il suo ballo: l'abito mini in colori vibranti è il prescelto per le serate in discoteca, abbinato a scarpe a stiletto in tinte forti e accessori colorati. Se indossate lo stesso abito per una serata in sala giochi, abbinatelo ai leggings coloratissimi e a un paio di stivaletti.

Il vestito più lungo al ginocchio con volants e rouches dalle forme sensuali e aderenti si adatta invece ai balli latinoamericani, rigorosamente accessoriato con scarpe da ballo. Quello ricamato con paillettes e linea svasata al fondo con spacchi va indossato per le serate di tango argentino.

Infine, per una serata rock abbinate il vostro abito in paillettes a gilet o blouson in nappa. Completate il look indossando tronchetti con borchie e collant in rete neri.

Accessori

Le scarpe sono le vere protagoniste delle serate di ballo. Sceglietele a stiletto colorate per gli outfit da discoteca, accertandovi però che siano comode per non dover interrompere il ballo per il dolore ai piedi.

scarpe da ballo

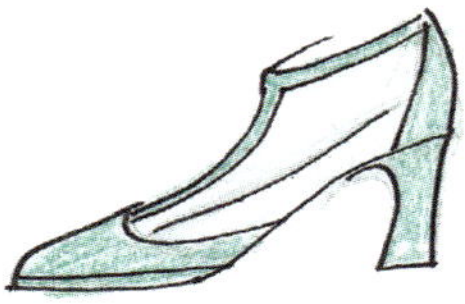

Mary Jane per i balli latinoamericani, walzer, tango

sandali stilett con platform p balli di grupp

tronchetti per le serate in discoteca

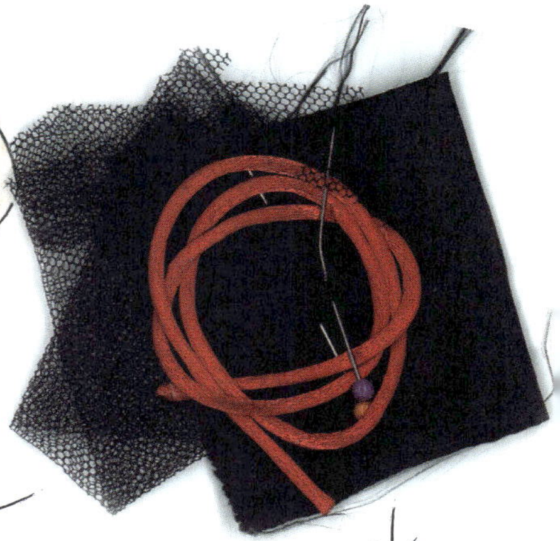

Manutenzione

L'abito in paillettes, oltre a essere molto delicato per la lavorazione del ricamo, è anche molto pesante. Non appendetelo sulla gruccia: rischiereste di deformarne le spalle. Ripiegatelo e riponetelo in un cassetto.

NEL GUARDAROBA HO TROVATO...

LA GONNA A RUOTA

Ariosa e fresca, giovane e leggiadra, con un non so che di romantico: la gonna a ruota vi descrive perfettamente, è il vostro biglietto da visita. Specialmente se dovete andare a colpo sicuro sui genitori di lui.

Se volete darvi un look fresco, delicato e poco appariscente, state alla larga da tutto ciò che è troppo fashion o aggressivo. Puntate invece sulla femminilità romantica di una gonna in raso di cotone come quella a ruota nei colori tenui pastello, a tinta unita o a piccola fantasia. Calcolate bene che la lunghezza arrivi al ginocchio, e abbinate il tutto a una blusa ampia di cotone stretta in vita da una cintura alta.

Colori

La gonna, in tinta unita o a fantasia di piccoli fiori, dovrà avere colori tenui come i pastelli rosa baby e azzurro cielo.

stampa floreale
su raso di cotone

Accessori

La collana di perle, il foulard e due gocce di essenza alla lavanda. Ai piedi infilate un paio di Mary Jane senza platform.

Come indossarlo

La gonna a ruota è indicata per le donne a clessidra che hanno la vita stretta, ma se non siete molto alte optate per il modello ridotto come la tre quarti o la mezza ruota.

Esistono quattro tipi di gonna a ruota: quella intera è un cerchio con al centro il vostro punto vita, mentre i tre quarti di ruota, la mezza ruota e un quarto di ruota sono le riduzioni di ampiezza rispetto alla ruota intera.

ruota intera *mezza ruota* *un quarto di ruota*

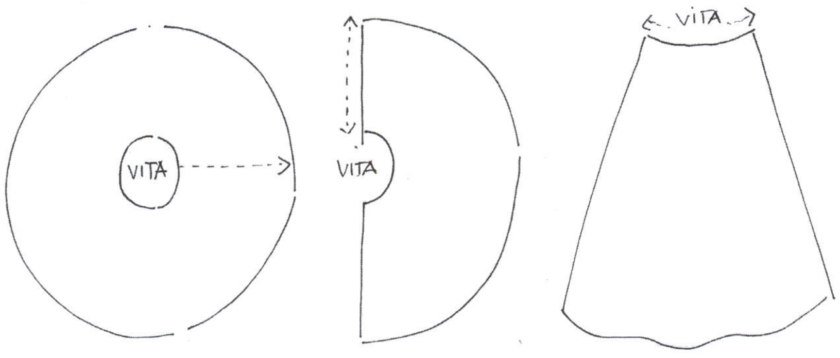

cartamodelli

Nel guardaroba ho trovato...

IL TOP IN SETA

La seta impalpabile e vagamente trasparente del vostro top, la pelle bianca delle braccia, il bracciale dorato al polso che tintinna, la linea del collo castamente stretta dal morbido fiocco... le avete studiate tutte per una cena romantica e avete fatto centro!

Morbida, sinuosa e impalpabile, con la seta non si sbaglia mai, né di giorno né di sera. Un evergreen intramontabile che si sposa con tagli puliti e classici, colori tenui e sottilmente femminili. Un'alleata preziosa nelle occasioni d'intimità. Scegliete il vostro top in colore rosa in seta leggera come il tulle o lo chiffon e abbinatelo a una gonna nera in tessuto jacquard: otterrete un effetto molto Chanel.
Come alternativa, se volete dare al vostro outfit un tocco di originalità fashion, accostate il top leggero e femminile a una gonna in tessuto maschile. Il contrasto di materiale e colore vi conferirà un'aria moderna.

Come indossarlo

Se il vostro décolleté è generoso, esaltatene le forme scegliendo un top leggermente scollato.
Se siete snelle e filiformi, invece, optate per un top ricco di arricciature sul davanti.

Accessori

Indossate una cascata di bijoux color oro sul décolleté.

Ordine

Leggeri, minuti e scivolosi: è difficile piegare correttamente i top di seta ed è preferibile appenderli sulle grucce, altrimenti rischiate di non riuscire a trovarli nel guardaroba. Ordinateli per colore, dal più chiaro al più scuro.

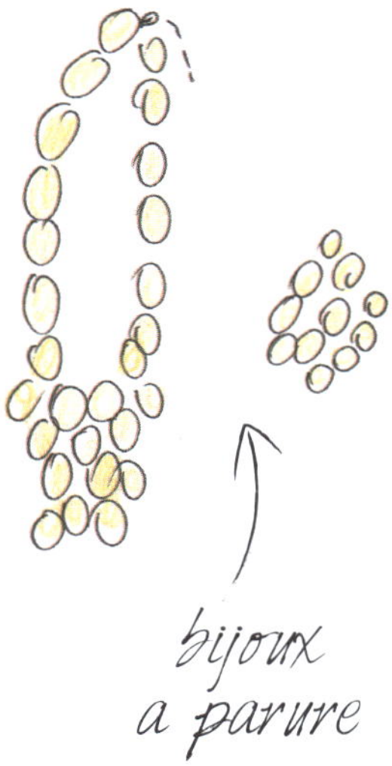

Le regole generali del guardaroba perfetto

CON COSA INDOSSO IL TOP?

SÌ: CON UN CAPO LINEARE COME UNA GONNA A TUBO O UN PANTALONE DAL TAGLIO MASCHILE.

MAI: CON UNA GONNA A BALZE. L'EFFETTO SARÀ TROPPO FEMMINILE. OPTATE PER I CONTRASTI.

Nel guardaroba ho trovato...

IL BLOUSON IN PELLE

Il più classico dei giubbotti, quello di pelle è ormai portato a tutte le età, anche con la gonna. Un must quando si viaggia in moto e si va ai concerti rock.

Jeans sdruciti, t-shirt con scritte grafiche, foulard avvolto intorno al collo e chiodo nero: ecco il vostro outfit per i concerti rock. Per un'alternativa più soft, abbinatelo a una gonna corta a balze e infilate i leggings o le calze a maxy rete. È un gioco di contrasti che vi renderà molto femminili.
Ma il blouson di pelle non è solo rock, anzi, è il classico capo di mezza stagione, da indossare liberamente nel passaggio tra autunno e inizio inverno. In ogni caso ricordate che ha una personalità forte e aggressiva, e dovete esserne all'altezza. Se volete smorzare i toni, ripiegate sulla versione in camoscio, il cui colore neutro lo rende particolarmente adatto ai fine settimana in campagna, abbinato a un pantalone in tono più chiaro.

Accessori

Il chiodo è un capo rock.
Abbinate bijoux, scarpe e cinture
con applicazioni smaltate nere
o metalliche argento.
Mai colori oro, "it's not rock"!

biker con applicazioni smaltate nere

Manutenzione

Se il vostro blouson rimane nell'armadio, magari coperto dal nylon per molti mesi senza essere indossato, la pelle con la quale è realizzato rischia di irrigidirsi e seccarsi. Abbiate l'accortezza di applicare la crema detergente e ammorbidente per pelli, lasciando il capo ad asciugare fuori dal guardaroba.

fibbia da applicare sui biker

Firma il tuo stile:

Indossate un anello con raffigurato un teschio: più rockettara di così non si può!

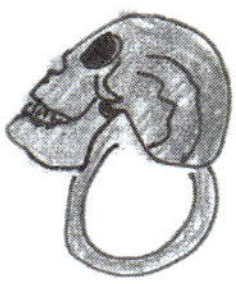

anello con teschio

Le regole generali del guardaroba perfetto

CON COSA INDOSSO IL BLOUSON IN PELLE?

SÌ: CON CAPI SEXY COME GONNE O PANTALONI ADERENTI.

MAI: CON CAPI OVERSIZE.

NEL GUARDAROBA HO TROVATO...

LA CANOTTIERA

È diventato un capo presente in molti guardaroba, che dall'intimo della sua destinazione iniziale ha contaminato tanti stili: da quello sportivo a quello romantico, fino alle occasioni in cui la comodità deve averla vinta a tutti i costi, come in gravidanza.

La canotta ha il pregio di essere in tessuto elasticizzato come il cotone o la viscosa. Può presentarsi a piccole coste, oppure in tessuto liscio ma elastico. Proprio per questo si adatta a diverse taglie e fisicità.
Nei primi mesi della gravidanza è un capo che viene utilizzato spesso perchè è pratico, contenitivo e si adatta alle nuove forme che cambiano di settimana in settimana.

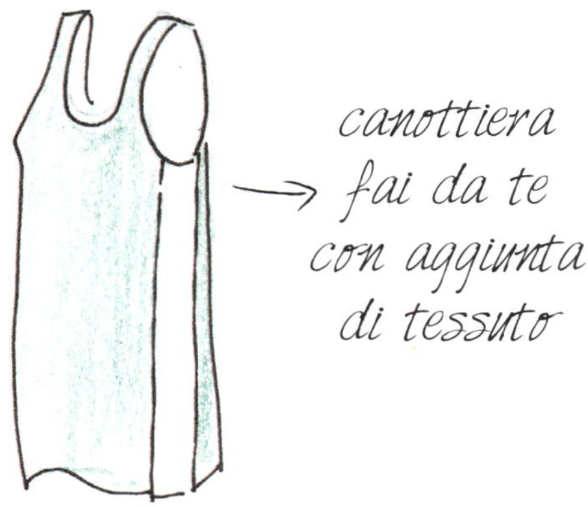

Fai da te

Volete sfruttare le canottiere fino ai mesi avanzati della gravidanza? Allargatele aggiungendo sui fianchi due strisce di 8 cm di tessuto. Avrete così il vostro capo modificato e pronto per le nuove forme. Un'altra opzione, quando la gravidanza è molto in là, è indossare una gonna midi, provvista di elastico sul punto vita e linea ampia al fondo, sotto la linea delle ascelle, come se fosse un abito. Avvolgete sotto il seno un nastro colorato o una piccola cintura.

Come indossarlo

Nei primi tre mesi di gravidanza indossate più canotte di diversi colori sovrapposte. Dopo, e fino al sesto mese, sceglietene una in jersey di cotone liscio e indossatela con un nastrino sotto al seno: darete un tocco romantico alla vostra pancia. Successivamente optate per la canotta in jersey di viscosa stretch da impreziosire con il nastro sotto la pancia: vi sentirete come una diva di Hollywood.

Ordine

Riponete le canotte arrotolate dentro un contenitore e suddividetele nelle varie cromie.

Nel guardaroba ho trovato...

L'ABITO ROSSO

Rosso uguale passione. È ormai assodato che è il colore che più attrae il maschio. Se poi lo abbinate a un vestito con corpino a corsetto e gonna a palloncino, i giochi sono fatti: sarete voi la donna più sexy della vostra festa di compleanno.

Nel giorno del proprio compleanno il segreto è indossare un abito glam quanto la festa. Cosa c'è di meglio che un vestito in organza rosso a corsetto? Osate con i punti luce e le aderenze: i tocchi di eccentricità saranno perfetti. Ponete anche molta attenzione alle scarpe: dovranno essere stilose ma comode, per evitare che a metà serata invece che il vostro sorriso si notino smorfie di dolore.

Colori

I diversi toni di rossi sono il tulipano, il lacca e il bordeaux.

Come indossarlo

Se avete un fisico a clessidra, il corsetto è il vostro abito. Se siete a colonna, optate per un abito scivolato tipo i modelli degli anni '30 e sceglietelo in rosso più scuro.

Accessori

Ora che avete deciso di indossare l'abito più sgargiante possibile come quello rosso lacca, dovrete curare al massimo il vostro trucco: stendete sul viso una base leggera e giocate solo truccando gli occhi con l'eyeliner, evidenziando le ciglia con molto mascara. Lasciate le labbra lucide ma non colorate per evitare un effetto troppo carico. Completate il tutto con la vostra clutch luccicante.

Manutenzione

L'organza è un tessuto delicato e molto leggero. Se l'abito è costruito con bustier e stecche di balena all'interno, per la manutenzione dovrete rivolgervi a una lavanderia specializzata. Se invece il pezzo è destrutturato, come una gonna lunga o una tunica, potrete lavare i capi anche a mano, con l'accortezza di lasciarli in ammollo per una notte con il detersivo delicato senza strofinarli. Stendeteli in piano dopo aver eliminato l'acqua in eccesso con un asciugamano.

organza in pura seta rosso lacca

Nel guardaroba ho trovato...

LA TUTA A PANTALONE CORTA

Ammettiamolo, non è il massimo della femminilità, ma quando le priorità sono altre non ci sono versi: la tuta a pantalone corta vi libera dagli impicci e soprattutto le mani. Per chi deve seguire i bambini piccoli può essere una soluzione più che azzeccata.

La tuta a pantalone corta è insostituibile in certe occasioni: quando dovete muovervi e piegarvi continuamente per raccogliere, sistemare e in genere accudire i bambini piccoli che giocano, corrono e mangiano all'aperto. E, oltre alla piena libertà di movimento, vi regala un tocco di originalità che non guasta mai.
Il vero segreto è sceglierla in tessuti di cotone facilmente lavabili, colorati o con leggere fantasie in modo che le eventuali macchie di erba o altro non siano subito evidenti. Con i colori scuri, invece, le macchie saranno più visibili, mentre i tessuti lucidi o il lino si stropicciano rapidamente.

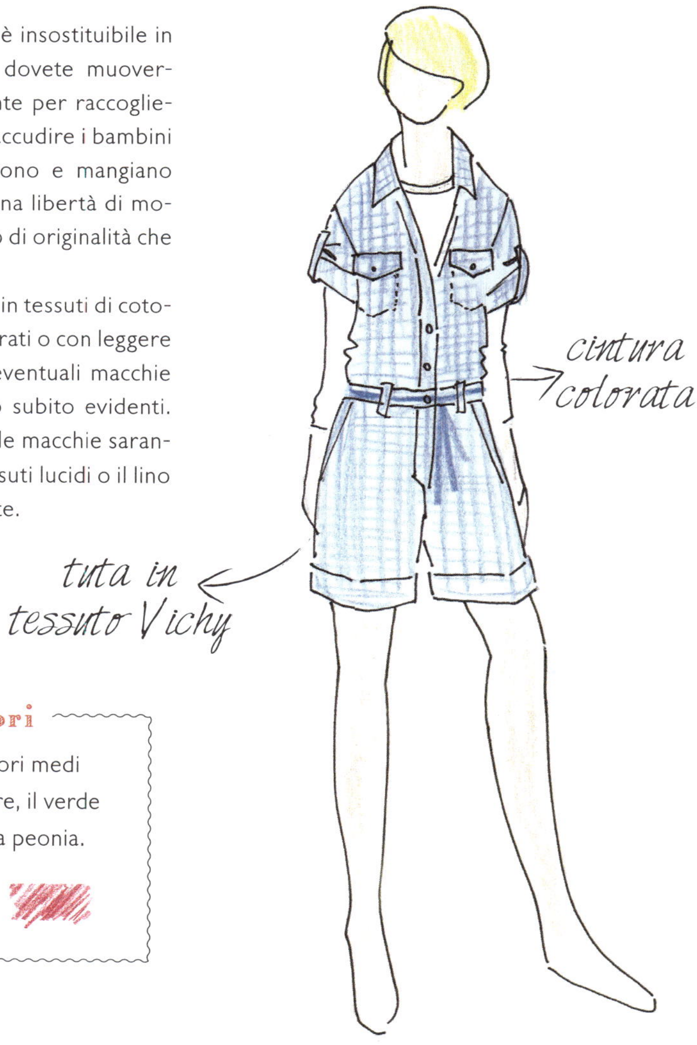

Colori

Sceglietela nei colori medi come il blu oltremare, il verde veronese o il fucsia peonia.

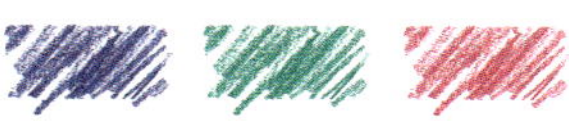

Accessori

Indossate ballerine o scarpe basse sportive, entrambe con i lacci: eviterete di perderle durante il movimento. Attenzione ai calzini: vietati sia il fantasmino che la calza bianca di spugna. Non siete a una sessione di fitness. Come borsa, scegliete quella a tracolla: vi lascerà le mani libere e l'avrete sempre con voi.

Come indossarlo

Se siete alte e snelle con fisicità a colonna o a viola, optate per la tuta corta al ginocchio e di linea dritta. Se siete burrose o a clessidra, sceglietela di lunghezza a metà coscia, ripresa in vita con le coulisse. Se siete mignon, potete indossarla in jersey di cotone e di volume XXL.

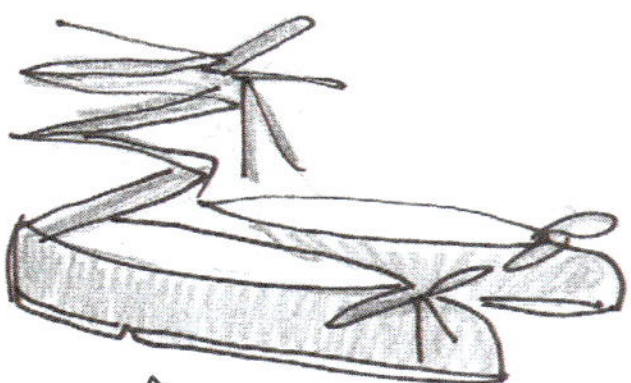

ballerine con nastro alla caviglia

scarpa sportiva

cotone Vichy e fil à fil

Le regole generali del guardaroba perfetto

COME INDOSSO LA TUTA A PANTALONE CORTA?

SÌ: DI UNA TAGLIA PERFETTAMENTE A MISURA. IN QUESTO MODO LA VOSTRA SILHOUETTE SARÀ VALORIZZATA.

MAI: OVERSIZE (A MENO CHE NON SIATE MIGNON). SEMBRERETE UN SACCO DI PATATE.

NEL GUARDAROBA HO TROVATO...

IL PANTALONE STAMPATO

Ve lo potete giocare come meglio credete, in qualsivoglia occasione dobbiate presentarvi con fresca e giovanile disinvoltura: in famiglia, in modalità fashion, nel vostro tempo libero. Occhio però agli abbinamenti: il pantalone stampato ha una personalità forte e non tollera competizioni in campo.

Le note dominanti sono il colore e la stampa a piccoli fiori, bouquet, o quadretti Vichy. Il resto dipende dalla vostra fisicità e dal modello che sceglierete di indossare: a linea jeans, più o meno aderente, oppure a campana stile hippy. A seconda di come lo abbinerete, poi, si adatterà all'occasione. Ecco due suggerimenti: top in jersey con maniche arricciate e scarpe sportive; oppure camicia in colori pastello e ballerine colorate.

Accessori

Indossate la ballerina e la scarpa sportiva entrambe a fantasia, mentre per le occasioni fashion scegliete il vostro sandalo stiletto.

Come indossarlo

Se siete mignon o burrose scegliete il pantalone stampato di linea aderente e indossatelo con una blusa che copra leggermente i fianchi.
Se la vostra fisicità è snella o a colonna optate per il pantalone con zampa al fondo.

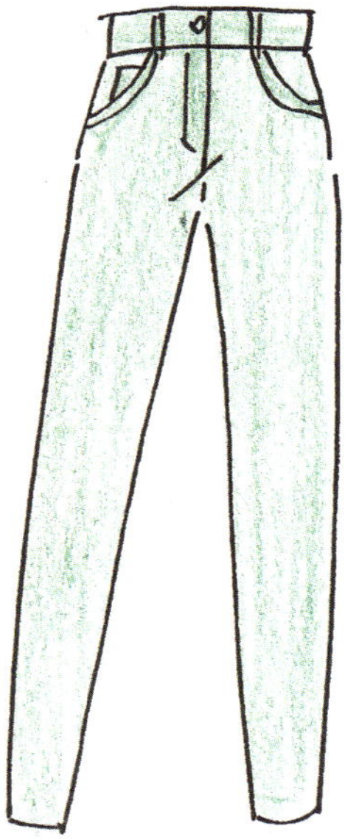

cinque tasche a linea aderente

fantasia scozzese

floreale campanule

floreale piccole margherite

quadro Vichy

fantasia Sanderson

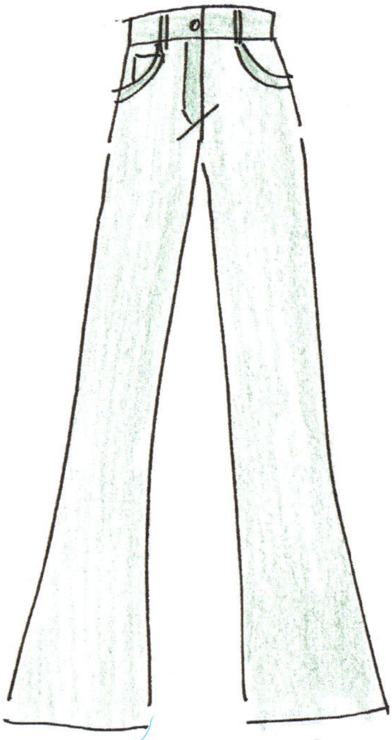

cinque tasche a linea a zampa

NEL GUARDAROBA HO TROVATO...

IL MAGLIONCINO NERO A COLLO ALTO

Se la regola base del guardaroba è vestirsi in modo adeguato al luogo e al contesto in cui ci si trova, con il dolcevita nero darete un messaggio inequivocabile di sobrietà, eleganza e discrezione.

Semplice ed elegante nella sua linearità, il maglioncino nero è un passepartout formidabile da abbinare liberamente a gonne o pantaloni, oltre che una base di partenza su cui costruire vari look, dal minimal al total black, dal rigoroso al maschile.
Se dovete presentarvi al vostro interlocutore con rigore e fermezza d'animo, senza però tralasciare gusto e sensibilità, puntate su un look scuro e accollato, evitando tacchi e trasparenze. Scegliete il dolcevita nero a coste, di forma aderente e molto accollato, e abbinatelo a una gonna a pieghe midi oppure a un pantalone maschile dalla linea morbida. Ecco un outfit che vi farà sentire sicure del fatto vostro e pronte ad affrontare senza tentennamenti una situazione critica o un interlocutore difficile.

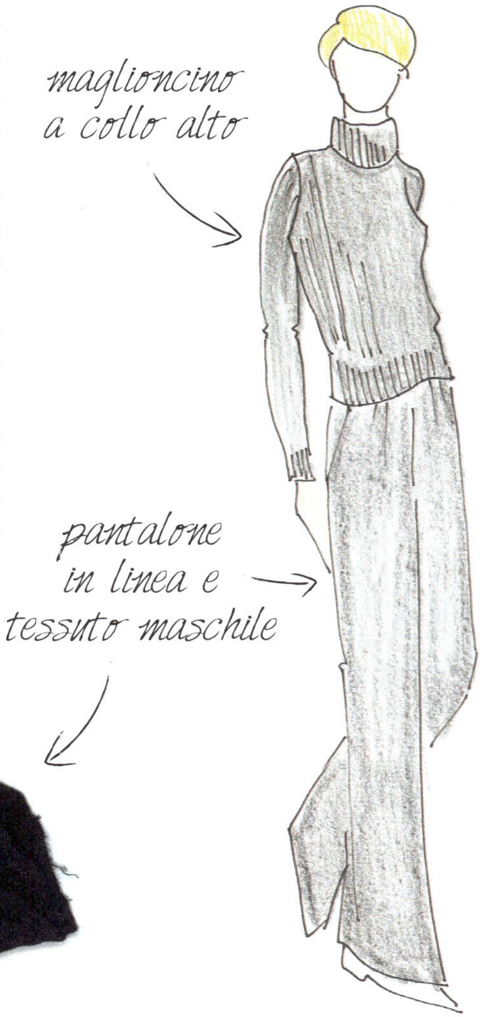

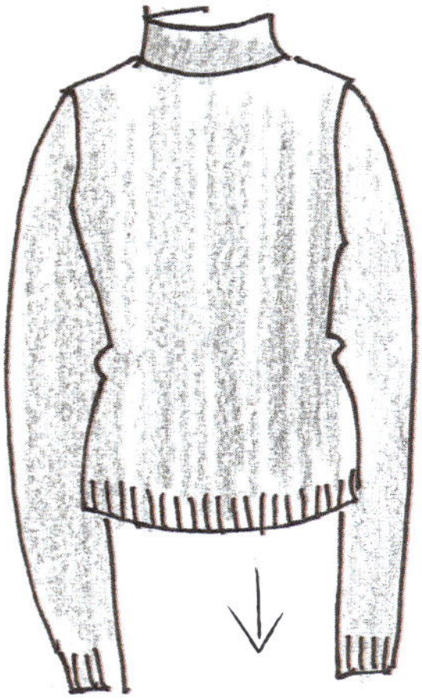

lupetto con collo di altezza 7 cm che non si ripiega

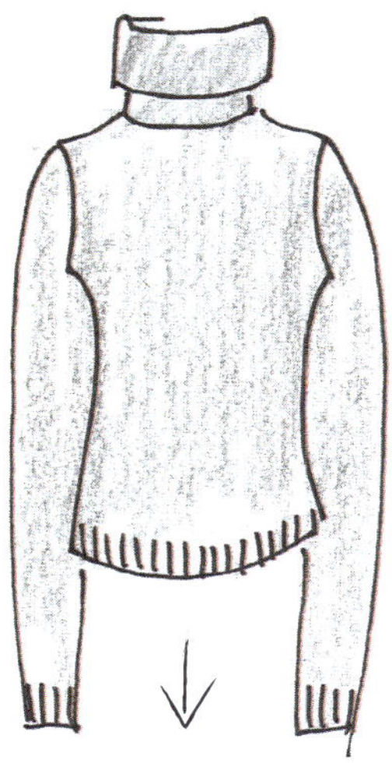

collo che si rigira su se stesso due volte

Accessori

Per evitare di mostrare la minima emozione, indossate un paio di occhiali neri dalle lenti scure.

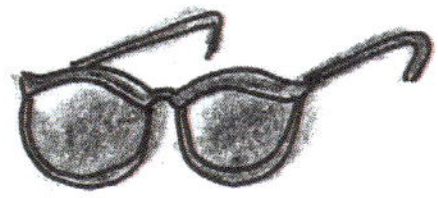

Ordine

Per distinguere i vari tipi di dolcevita presenti nel guardaroba, organizzateli in contenitori con divisori. Arrotolateli e lasciate visibile il collo. In questo modo identificherete subito il grado di pesantezza e l'altezza del collo.

IL MIO GUARDAROBA

☐ Abito lungo

....

....

☐ Stola

....

....

☐ Gonna lunga

....

....

☐ Abito in paillettes

....

....

☐ Abito vintage

....

....

☐ Giacca in maglia

....

....

☐ Abito da cocktail

....

....

☐ Gonna a ruota

....

....

☐ Top in seta

....

....

- ☐ Blouson in pelle

  ....

  ....
- ☐ Abito rosso

  ....

  ....
- ☐ Tuta a pantalone corta

  ....

  ....
- ☐ Pantalone stampato

  ....

  ....
- ☐ Intimo sexy

  ....

  ....
- ☐ Canottiera

  ....

  ....
- ☐ Maglioncino nero a collo alto

  ....

  ....
- ☐ Clutch

  ....

  ....

RINGRAZIAMENTI

Un grazie speciale al fantastico staff di Real Time. Thanks to Marinella, Laura, Alessandra, Mariella, Stefania e Barbara.
A tutto il team di Magnolia che ha realizzato il programma su e giù per l'Italia, Francesca, Federica, Francesco, Lisa, Caterina, Marco, Gaia, Alessandro, Gabriele e ai miei "smart autori" Monia e Stefano.
A Enza, la sarta speciale, che mi segue ovunque. Thanks ai miei "angeli agenti" Marco, Cecilia e Iris; un grazie speciale a Jader e Miriam.
Grazie a Elisa e Paula della redazione per il loro sostegno e a Francesca dello studio *The*World*of*Dot per il layout grafico.
Grazie a Rossella Biancardi per essersi appassionata alle mie idee e averci creduto.
Infine, un grazie speciale a mia madre Lilly, da sempre musa ispiratrice.

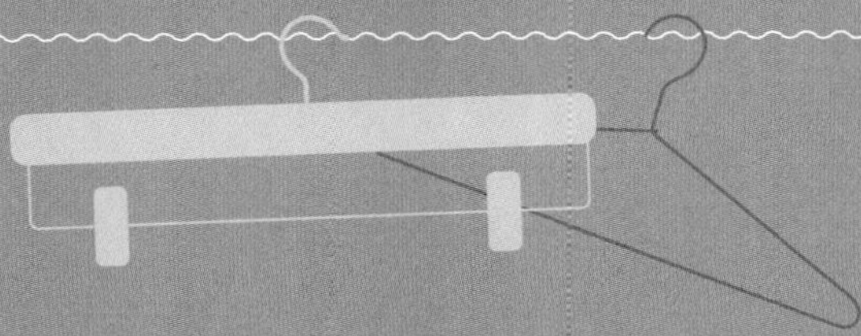

INDICE

INDICE

LAVORO

TEMPO LIBERO

SOCIAL

Finito di stampare nel mese di dicembre 2012
presso SEDIT Servizi Editoriali s.r.l. – Modugno (Bari)

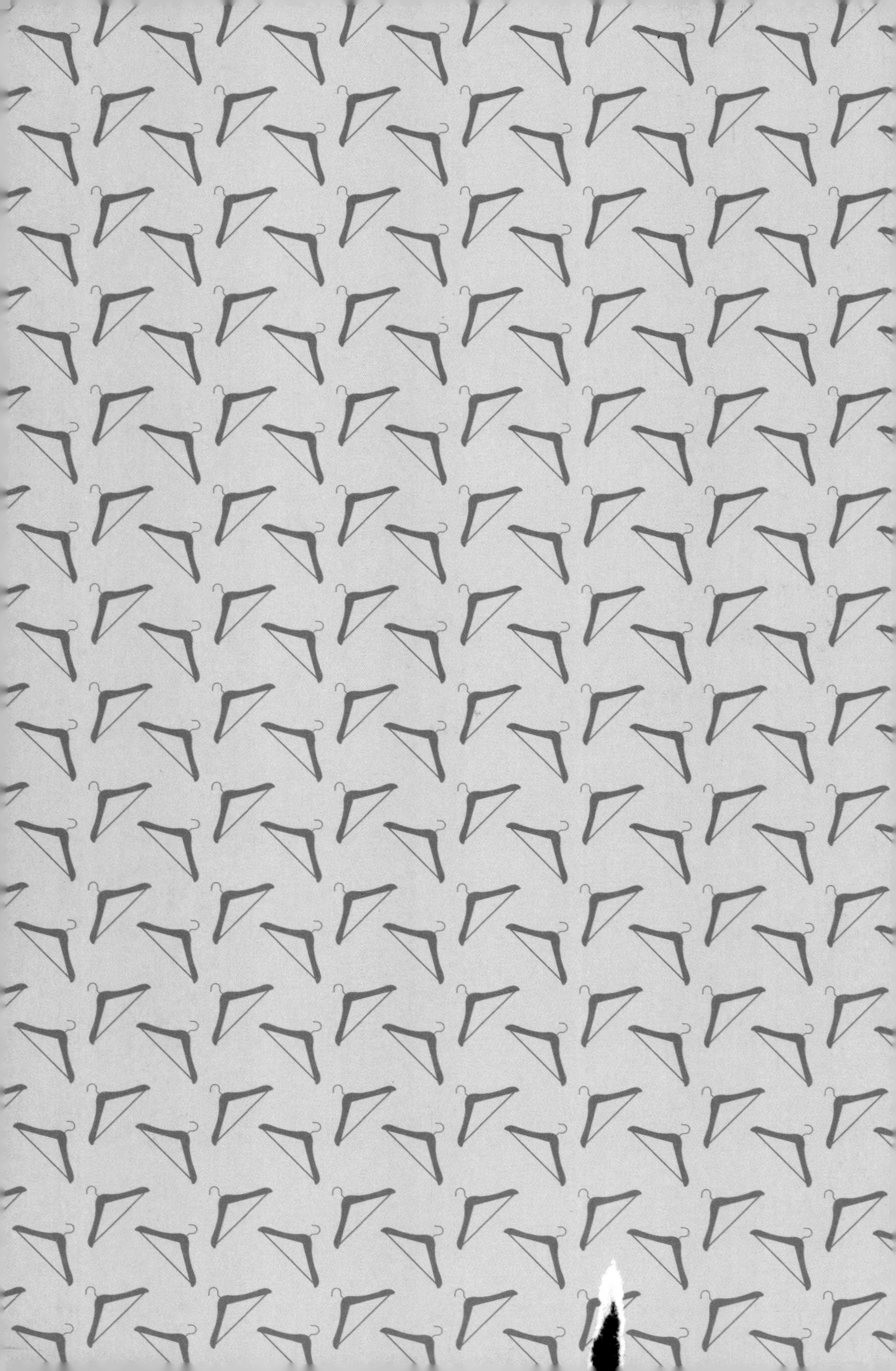